GRUNDWORTSCHATZ

ENGLISCH
PERFEKT

Ann Murphy

Compact Verlag

Bisher sind in dieser Reihe erschienen:

Compact Grundwortschatz – Französisch perfekt
Compact Grundwortschatz – Spanisch perfekt
Compact Grundwortschatz – Italienisch perfekt
Compact Grundwortschatz – Englisch perfekt

© 2002 Compact Verlag München
Alle Rechte vorbehalten. Nachdruck, auch auszugsweise, nur mit ausdrücklicher Genehmigung des Verlages gestattet.
Chefredaktion: Ilse Hell
Redaktion: Julia Kotzschmar, Alexandra Pawelczak
Fachredaktion: Kylie Robinson
Redaktionsassistenz: Stefanie Neuz, Nicole Weber, Eva Doss
Produktion: Martina Baur
Umschlaggestaltung: Gabi Spiegl

ISBN: 3-8174-7261-7
7172611

Besuchen Sie uns im Internet: www.compactverlag.de

Vorwort

Das sichere Beherrschen des **englischen Grundwortschatzes** ist für den kompetenten und erfolgreichen Umgang mit der englischen Sprache unerlässlich.

Der Compact Grundwortschatz konzentriert sich auf das Wesentliche der Sprache und ist deshalb in drei Bereiche untergliedert: **Basisvokabeln, erweiterter Grundwortschatz und Redewendungen**.
Die bewusst gewählte Einteilung eignet sich hervorragend dazu, eine stabile Basis der Fremdsprache zu erarbeiten, ohne den Lernenden zu überfordern.

Die rund **600 Basisvokabeln** mit Lautschriftangabe und vielen praxisnahen Beispielsätzen befähigen den Nutzer zum ersten, grundlegenden Sprechen und Verstehen.
Mit dem erweiterten Grundwortschatz von ca. **1000 Wörtern** erreicht der Lernende eine sichere und umfangreiche Grundlage der Fremdsprache, die eine zielgerichtete Kommunikation im Alltag, im Job und auf Reisen ermöglicht.

Durch die auf Sprechsituationen bezogenen rund **250 Redewendungen** im dritten Teil des Buches wird der Wortschatz im Gespräch vielseitig anwendbar und ein gutes Gefühl für die Sprache vermittelt.
Zum besseren Einprägen sind die grundlegenden, unverzichtbaren Wendungen rot hervorgehoben.

Lautschrift und Aussprache

	ː	der vorausgehende Vokal ist lang
	ˈ	die folgende Silbe hat die stärkste Betonung in diesem Wort

Vokale

j<u>a</u>r	ɑː	B<u>a</u>hn, S<u>aa</u>l
bl<u>a</u>ck	æ	
y<u>e</u>s	e	<u>e</u>gal
<u>a</u>bove	ə	gefall<u>e</u>n
t<u>u</u>rn	ɜː	
<u>i</u>f	ɪ	<u>i</u>st
b<u>e</u>, m<u>ee</u>t	iː	L<u>ie</u>be
c<u>o</u>rd	ɔː	
d<u>o</u>g	ɒ	
bl<u>ue</u>	uː	Z<u>u</u>g
p<u>u</u>t, h<u>oo</u>d	ʊ	
r<u>u</u>n	ʌ	

Konsonanten

<u>b</u>ig	b	<u>B</u>all			
<u>d</u>ay	d	<u>d</u>ann			
<u>f</u>ish	f	<u>f</u>ünf			
<u>g</u>et	g	<u>G</u>ut			
<u>h</u>at	h	<u>H</u>emd			
<u>y</u>es	j	<u>j</u>a			
<u>k</u>eep, <u>c</u>at	k	<u>K</u>ind			
<u>l</u>ife	l	<u>L</u>ob			
<u>m</u>e	m	<u>m</u>ich			
<u>n</u>o	n	<u>n</u>ein			
ha<u>ng</u>	ŋ	la<u>ng</u>			
<u>p</u>ass	p	<u>P</u>ost			
<u>r</u>oad	r	<u>R</u>and			
<u>s</u>un	s	be<u>ss</u>er			
<u>sh</u>oot	ʃ	<u>Sch</u>uhe			
<u>t</u>ap	t	<u>T</u>isch			
<u>th</u>ink	θ				
<u>th</u>at	ð				
<u>v</u>ote	v	<u>W</u>eg			
<u>w</u>ish	w				
<u>z</u>oo	z	<u>s</u>ein			
plea<u>s</u>ure	ʒ	<u>G</u>enie			

Diphtonge

b<u>y</u>, b<u>uy</u>, l<u>ie</u>	aɪ	h<u>ei</u>ß
r<u>ou</u>nd, n<u>ow</u>	aʊ	H<u>au</u>s
l<u>a</u>te, d<u>ay</u>, r<u>ai</u>l	eɪ	
ch<u>air</u>, st<u>are</u>	ɛə	
m<u>ow</u>, g<u>o</u>	əʊ	
n<u>ear</u>, h<u>ere</u>	ɪə	
j<u>oy</u>, b<u>oi</u>l	ɔɪ	n<u>eu</u>
s<u>ure</u>, p<u>oor</u>	ʊə	

Inhalt

Vorwort	3
Lautschrift	4
Abkürzungen	6
Basisvokabeln	7
Grundwortschatz	49
Redewendungen	110
Zwischenmenschliche Beziehungen	110
Emotionen äußern	112
Bitten, Aufforderungen, Fragen	115
Versprechen, Wünschen, Anbieten	118
Mitteilungen	120
Gespräche führen	122
Äußerungen, Stellungnahmen	123
Anhang	**126**

Abkürzungen

adj	Adjektiv
adv	Adverb
conj	Konjunktion
etw	etwas
jdm	jemandem
jdn	jemanden
jds	jemands
jmd	jemand
pl	Plural
prep	Präposition
pers pron	Personalpronomen
pron	Pronomen
sb	jemand, -en, -em
ugs	umgangssprachlich
v	Verb

another

a

able *adj* ['eɪbl]
She is not able to go to school.

fähig, tüchtig, können
Sie kann nicht zur Schule gehen.

accident *n* ['æksɪdənt]
to have an accident

Unfall
einen Unfall haben

across *prep* [ə'krɔs]
Her best friend lives across the street.

durch, gegenüber
Ihre beste Freundin wohnt gegenüber.

adult *n, v* ['ædʌlt]

Erwachsene(-r), erwachsen

after *prep* ['ɑːftər]
She will come sometime after six.

The policeman ran after the thief.

nach, hinter
Sie wird irgendwann nach sechs Uhr kommen.
Der Polizist rannte dem Dieb hinterher.

again *adv* [ə'gen]
Don't do that again!

wieder
Mach das nicht wieder!

age *n* [eɪdʒ]

Alter

agree *v* [eɪdʒ]

Seafood doesn't agree with me.

übereinstimmen mit, sich vertragen
Ich vertrage keine Meeresfrüchte.

almost *adv* ['ɔːlməʊst]
She is almost seventeen.

fast, beinahe
Sie ist fast siebzehn Jahre alt.

alone *adv, adj* [ə'ləʊn]
Leave me alone!

allein
Lass mich in Ruhe!

also *adv* ['ɔːlsəʊ]

auch, außerdem

always *adv* ['ɔːweɪz]
We always go to the cinema on Mondays.

immer
Wir gehen immer montags ins Kino.

and *conj* [ænd]

und

angry *adj* ['æŋgri]
to be angry

wütend, ärgerlich
wütend bzw. verärgert sein

animal *n* ['ænɪməl]

Tier

another *adj* [ə'nʌðər]
He has another girlfriend now.

andere(-r, -s), noch eins
Er hat jetzt eine andere Freundin.

 **answer**

answer *n, v* [ˈɑːnsər]	Antwort, antworten
arm *n* [ɑːm]	Arm
around *adv* [əˈraʊnd]	ringsherum, ungefähr
arrive *v* [əˈraɪv] *Jo will arrive at eleven o'clock.*	ankommen *Jo kommt um elf Uhr an.*
art *n* [ɑːt] *We went to an art exhibition.*	Kunst *Wir besuchten eine Kunstausstellung.*
as *prep, adv, conj* [æz] *The children dressed up as ghosts.* *He ran as fast as he could.*	als, wie, während *Die Kinder verkleideten sich als Geister.* *Er rannte so schnell wie er konnte.*
ask *v* [ɑːsk] *He asked her the time.*	fragen, bitten um *Er fragte sie nach der Uhrzeit.*
at *prep* [æt] *Take a left at the next lights.* *Can you pick Toby up at five o'clock?*	an, bei, um *Biegen Sie an der nächsten Ampel links ab..* *Kannst du Toby um fünf Uhr abholen?*
away *adv* [əˈweɪ] *The Smiths moved away last month.* *We went away for the weekend.*	weg, fort *Die Smiths sind letzten Monat weggezogen.* *Wir sind über das Wochenende fortgefahren.*

b

baby *n* [ˈbeɪbɪ] *baby carriage*	Säugling *Kinderwagen*

> **info**
>
> Man kann nicht sagen „I am becoming a baby". Man sagt „I am having, expecting a baby". „She is with child" bedeutet nicht „sie ist mit einem Kind", sondern „sie ist schwanger"!

back *n, adv* [bæk] *She has a bad back.* *We came back after midnight.*	Rücken, zurück *Sie hat Probleme mit dem Rücken.* *Wir kamen nach Mitternacht zurück.*

big

bad *adj* [bæd]
to go bad
to feel bad

schlecht, schlimm
übel werden
sich schlecht fühlen

bag *n* [bæg]
bags of

Tasche, Tüte, Beutel
jede Menge

bank *n* [bæŋk]
to bank on sth or sb

Bank, Ufer
auf jmd bzw. etw verlassen

bar *n* [bɑːr]

Bar, Tafel

bathroom *n* [ˈbɑːθrʊm]

Badezimmer

be *v* [biː]
Who is that?
She is tired.
I have never been to Italy.
The film was rubbish, wasn't it?

sein
Wer ist das?
Sie ist müde.
Ich war noch nie in Italien.
Der Film war nicht gut, oder?

bed *n* [bed]

Bett

bedroom *n* [ˈbedrʊm]

Schlafzimmer

beer *n* [biər]

Bier

begin *v* [bɪˈgɪn]
to begin at eight o' clock

anfangen, beginnen
um acht Uhr anfangen

behind *prep, adv* [bɪˈhaɪnd]
She hid behind the sofa.
He slipped and fell on his behind.
Ed is behind the rest of the class in Maths.

hinter
Sie versteckte sich hinter dem Sofa.
Er rutschte aus und fiel auf den Po.
Ed ist in der Schule in Mathe hinterher.

best *adj, n* [best]
That was the best holiday I ever had.

to make the best of sth
the best man

beste
Das war der beste Urlaub, den ich jemals hatte.
das Beste daraus machen
der Trauzeuge

better *adj* [ˈbetər]
Jessy has a better job now.
to get better

besser
Jessy hat jetzt einen besseren Job.
gesund werden

big *adj* [bɪg]
a big house
a big exam
Platform shoes are big this year.

groß, wichtig, populär
ein großes Haus
eine wichtige Prüfung
Plateausohlen sind dieses Jahr gefragt.

 bird

bird *n* [bɜd]
  early bird
	Vogel
	  Frühaufsteher

birthday *n* [ˈbɜθdeɪ]	**Geburtstag**
black *adj* [blæk]	**schwarz**

blue *adj* [bluː]
  to have the blues
	blau, deprimiert
	  traurig sein

body *n* [ˈbɒdɪ]	**Körper, Leiche**

book *n, v* [bʊk]
  to book a table
	Buch, vorbestellen, reservieren
	  einen Tisch reservieren

info

„Was für ein Buch ist das?" wird mit „**What kind of a book is that?**" übersetzt und nicht mit „what for a book is that?".

bottle *n* [ˈbɒtl]
  to be on the bottle
	Flasche
	  Alkoholiker sein

box *n, v* [bɒks]	**Schachtel, boxen**
boy *n* [bɔɪ]	**Junge**
bread *n* [bred]	**Brot**

bring *v* [brɪŋ]
  to bring a meeting forward
  to bring sth about
  to bing sth/sb up
	bringen
	  ein Meeting vorverlegen
	  etw zu Stande bringen
	  etw zur Sprache bringen

brother *n* [ˈbrʌðər]
  brother-in-law
	Bruder
	  Schwager

brown *adj* [braʊn]	**braun**
bus *n* [bʌs]	**Bus**

but *conj, prep* [bʌt]
  Noah likes hip-hop but I don't.
  I'll eat anything but fish!
	aber, sondern, außer
	  Noah mag Hip-Hop, ich hingegen nicht.
	  Ich esse alles außer Fisch!

butter *n, v* [ˈbʌtər]
  to butter sb up (ugs)
	Butter
	  jdm Honig ums Maul schmieren

city

C

cake *n* [keɪk]	Kuchen
call *v* [kɔːl] to call sth off	rufen, anrufen, wecken *etw absagen*
can *v* [kæn] *Can you roller blade?* *Can I go to the party?*	können, dürfen *Kannst du Inline-Skaten?* *Darf ich auf die Party gehen?*

> **info**
>
> **Man kann** und **man soll** heißt im Englischen **one can** und **one should**.

car *n* [kɑːr]	Auto
carry *v* [ˈkærɪ] *to carry on* *to carry out*	tragen *weitermachen, fortfahren* *ausführen, durchführen*
cat *n* [kæt]	Katze
catch *v* [kætʃ] *to catch up with sb* *to catch a cold*	fangen *jdn einholen* *eine Erkältung bekommen*
centre *n* [ˈsentər]	Zentrum
chair *n* [tʃɛər]	Stuhl, Lehrstuhl (Universität)
change *n, v* [tʃeɪndʒ] *She changed her name when she married.* *Where can I change my dollars into pounds?*	Änderung, Kleingeld, ändern, wechseln *Sie hat ihren Namen geändert, als sie heiratete.* *Wo kann ich Dollar in Pfund wechseln?*
cheap *adj* [tʃiːp]	billig
child *n* [tʃaɪld] *to be like a child*	Kind *kindlich sein*
cigarette *n* [sɪgəˈret]	Zigarette
city *n* [sɪtɪ]	Großstadt

11

 clean

clean *adj, v* ['sitɪ]
to clean up

clock *n* [klɔk]
to clock in/out
clockwise

clothes *n* [kləʊðs]

coffee *n* ['kɔfɪ]

cold *adj, n* [kəʊld]

Come in out of the cold!
She has a heavy cold.
I find Brian very cold.

colour *n, v* ['kʌlər]
colour-blind

come *v* [kʌm]
Hannah comes from Wales.
How did that come about?
Come in!

cook *n, v* [kʊk]
Steve is training to be a cook.

correct *adj, v* [kəˈrekt]
The answer was correct.
The teacher corrected the homework.

cost *n, v* [kɔst]
at all costs
How much did your new coat cost?

count *n, v* [kaʊnt]
to count on sb

country *n* ['kʌntrɪ]

cry *n, v* [kraɪ]
He cried out for help.
The little boy started to cry.

cup *n* [kʌp]

cut *n, v* [kʌt]
to cut oneself

sauber, putzen, reinigen
aufräumen

Uhr
stempeln (Arbeitsbeginn)
im Uhrzeigersinn

Kleider

Kaffee

kalt, unfreundlich, Kälte, Erkältung
Komm aus der Kälte herein!
Sie ist stark erkältet.
Ich finde Brian sehr unfreundlich.

Farbe, färben
farbenblind

kommen
Hannah kommt aus Wales.
Wie konnte das passieren?
Komm herein!

Koch, kochen
Steve macht eine Ausbildung zum Koch.

richtig, korrekt, korrigieren
Die Anwort war richtig.
Der Lehrer korrigierte die Hausaufgaben.

Kosten, Preis, kosten
um jeden Preis
Wie viel hat dein neuer Mantel gekostet?

Graf, zählen
zählen auf

Land

Schrei, schreien, weinen
Er schrie nach Hilfe.
Der kleine Junge fing an zu weinen.

Tasse

Schnitt, Schnittwunde, schneiden
sich schneiden

do

d

dance *n, v* [dɑːns]	Tanz, tanzen
danger *n* ['deɪndʒər]	Gefahr
dangerous *adj* ['deɪndʒərəs]	gefährlich
dark *adj* [dɑːk]	dunkel

daughter *n* ['dɔːtər]
  daughter-in-law
	Tochter
	  Schwiegertochter

day *n* [deɪ]
  the day before/after
  the day after tomorrow
	Tag
	  der Tag zuvor/danach
	  übermorgen

dead *adj* [ded]	tot
dear *adj* [dɪər]	teuer, lieb
deep *adj* [diːp]	tief
dentist *n* ['dentɪst]	Zahnarzt
desert *n* ['dezərt]	Wüste
dessert *n* [dɪ'zɜːt]	Nachtisch

die *v* [daɪ]
  I'm dying for something to eat.
	sterben
	  Ich habe sehr großen Hunger.

different *adj* ['dɪfrənt]	verschieden, anders
difficult *adj* ['dɪfɪkəlt]	schwierig
dinner *n* ['dɪnər]	Abendessen
dirty *adj* [dɜːtɪ]	schmutzig

disappoint *v* [dɪsə'pɔɪnt]
  She was disappointed with his answer.
	enttäuschen
	  Sie war enttäuscht von seiner Antwort.

do *v* [duː]
  I don't like Pizza.
  I have nothing to do.
	tun, machen
	  Pizza schmeckt mir nicht.
	  Ich habe nichts zu tun.

 doctor

doctor *n* [ˈdɔktər]	Arzt
dog *n* [dɔg]	Hund
door *n* [dɔːr]	Tür
double *adj, v* [ˈdʌbl] He had a double helping of fries.	doppelt, verdoppeln Er aß eine doppelte Portion Pommes.
down *prep, adv* [daʊn] We went down to London for the weekend. Sweat poured down his face.	unten, hinunter Wir sind übers Wochenende in London gewesen. Schweiß lief sein Gesicht hinunter.
dream *n, v* [driːm] to dream about	Traum, träumen träumen von
dress *n, v* [dres] to get dressed up	Kleidung, anziehen sich gut anziehen
drink *n, v* [drɪŋk]	Getränk, trinken
drive *n, v* [draɪv] to be driven	Fahrt, Einfahrt, fahren ehrgeizig sein
drop *n, v* [drɔp] to drop sth to drop off to drop out	Tropfen, fallen etw fallen lassen einschlafen ausscheiden
dry *adj, v* [draɪ]	trocken, trocknen

e

ear *n* [ɪə] I pricked up my ears.	Ohr Ich spitzte die Ohren.
early *adj* [ɪər] an early riser	früh Frühaufsteher
earth *n* [ɜθ]	Erde
easy *adj* [ˈiːzɪ] I'm easy!	einfach, leicht Es ist mir gleich.
eat *v* [iːt] eating out	essen zum Essen ausgehen

expensive

empty *adj, v* [ˈemptɪ]
to be empty headed
Sue emptied out the fridge.

leer, ausleeren
dumm sein
Sue räumte den Kühlschrank aus.

end *n, v* [end]
in the end
How does the film end?

Ende, Schluss, beenden
zum Schluss
Wie geht der Film aus?

enough *adv* [ɪˈnʌf]
Do you have enough money?
Her eyes are not good enough for her to be a pilot.

genug
Hast du genug Geld?
Ihre Augen sind nicht gut genug, um Pilot zu werden.

enter *v* [ˈentər]

eintreten, betreten

entrance *n* [ˈentrəns]
Leo was refused entrance to the disco.

Eingang, Eintritt
Leo durfte die Disko nicht betreten.

envelope *n* [ɪnˈvələʊp]

Briefumschlag

even *adj* [ˈiːvən]
Even Ross wouldn't do that!
even if …

eben, sogar
Sogar Ross würde das nicht tun!
selbst wenn …

evening *n* [ˈiːvnɪŋ]

Abend

every *adj* [ˈevrɪ]

jede(-r, -s)

everything *pron* [ˈevrɪθɪŋ]

alles

everywhere *adv* [ˈevrɪweər]
We looked everywhere for the car keys.

überall
Wir suchten die Autoschlüssel überall.

evil *adj* [ˈiːvl]

böse

example *n* [ɪɡˈzɑːmpl]
for example (e.g.)
to be an example

Beispiel
zum Beispiel (z. B.)
ein Vorbild sein

excellent *adj* [ˈeksələnt]
an excellent book

ausgezeichnet, toll
ein ausgezeichnetes Buch

except *prep* [ɪkˈsept]
I like all fruit, except bananas.

außer
Ich mag alle Früchte außer Bananen.

exit *n, v* [ˈeksɪt]
Please exit the building!

Ausgang, verlassen
Bitte verlassen Sie das Gebäude!

expensive *adj* [ɪksˈpensɪv]

teuer

 explain

explain v [ɪksˈpleɪn]	erklären
eye n, v [aɪ] to eye sth	Auge, betrachten, anschauen *etw anschauen*

face n [feɪs] to face up to sth	Gesicht *einer Sache ins Auge sehen*
fall n, v [fɔːl] to fall for sth	Fall, fallen *hereinfallen auf etw*
family n [ˈfæmɪlɪ]	Familie
far adj [fɑːr] As far as I know …	weit *Soweit ich weiß …*
farm n, v [fɑːm]	Bauernhof, bewirtschaften
fast adj [fɑːst] My watch is fast.	schnell *Mein Uhr geht vor.*
fat adj, n [fæt]	dick, Fett
feel v [fiːl] to feel hungry/thirsty	anfassen, sich fühlen, meinen *Hunger/Durst haben*
fill v [fɪl] Harry, could you fill up the car?	füllen, sättigen *Harry, kannst du den Wagen tanken?*
fine adj [faɪn] I am feeling fine again.	fein, gut *Es geht mir wieder gut.*
finger n, v [fɪŋgə] to be all fingers and thumbs	Finger, befühlen *sehr unbeholfen sein*
finish n, v [ˈfɪnɪʃ] Toni finished off the cake.	Ende, beenden *Toni hat den Kuchen aufgegessen.*
fire n, v [faɪər] He was fired for stealing.	Feuer, Brand, hinauswerfen *Er wurde wegen Diebstahls hinausgeworfen.*
first adj [fɜst] at first	der, die, das Erste *zuerst*

full

flat *n, adj* [flæt]	Wohnung, flach
floor *n, v* [flɔːr] They live on the second floor.	Stock, niederschlagen Sie wohnen im zweiten Stock.
flower *n, v* [ˈflaʊər]	Blume, blühen
fly *n, v* [flaɪ]	Fliege, fliegen
follow *v* [ˈfɔləʊ] on the following day	folgen, sich interessieren am nächsten Tag
food *n* [fuːd] food poisoning	Essen Lebensmittelvergiftung
for *prep* [fɔː] This is for you. He's in prison for robbery.	für, wegen, seit Das ist für dich. Er ist wegen Diebstahls im Gefängnis.
forget *v* [fəˈget]	vergessen
fork *n* [fɔːk] to fork out	Gabel, Gabelung bezahlen
fox *n* [fɔks]	Fuchs

info

Wiederholen Sie das gelernte Vokabular häufig und in regelmäßigen Abständen. Nur so erzielen Sie den gewünschten Lernerfolg.

free *adj, v* [friː] The police freed the former hostages. for free	frei, umsonst, befreien Die Polizei hat die ehemaligen Geiseln befreit. umsonst
fresh *adj* [freʃ] to freshen up to be fresh	frisch sich frisch machen frech sein
friend *n* [frend]	Freund
from *prep* [frɔm] I got a card from her. She was deaf from birth.	von, aus, seit Ich habe eine Postkarte von ihr bekommen. Sie war von Geburt an taub.
full *adj* [fʊl]	voll, satt

 fun

fun *n* [fʌn] to have fun	Spaß *Spaß haben*
funny *adj* ['fʌnɪ]	lustig, komisch

g

garden *n* ['gɑːdn]	Garten
gasoline *n* ['gæsəliːn]	Benzin
get *v* [get] He's got brown hair. to get married to get along with sb	ankommen, haben, bekommen *Er hat braunes Haar.* *heiraten* *mit jdm zurechtkommen*
ghost *n* [gəʊst]	Gespenst
gigantic *adj* [dʒaɪ'gæntɪk]	riesig
girl *n* [gɜl]	Mädchen
give *v* [gɪv] to give in to give out to give up	geben, verschenken *nachgeben* *sich beschweren* *aufgeben*
glad *adj* [glæd]	froh
glass *n* [glɑːs]	Glas
glasses *n* [glɑːses]	Brille
glide *v* [glaɪd]	gleiten
gloat *v* ['gləʊt] He gloated over her misfortune.	anstarren (ugs), sich hämisch freuen *Er hat sich über ihr Pech hämisch gefreut.*
global *adj* ['gləʊbl] a global enterprise	global *ein globales Unternehmen*
go *v* [gəʊ] I'm going to call my sister today.	gehen, fahren, vorhaben, werden *Ich habe vor, heute meine Schwester anzurufen.*

hard

Andy is going bald.
It's your go!
to go off/bad (food)

Andy bekommt eine Glatze.
Du bist jetzt dran!
verderben/sauer werden

God *n* [gɔd]

Gott

---

gold *n, adj* [gəʊld]

Gold, golden

---

good *n, adj* [gʊd]
The goods were delivered on Tuesday.
His French is very good.
to be good-looking
a good half

Ware, gut, brav
Die Waren wurden Dienstag geliefert.
Sein Französisch ist sehr gut.
gut aussehen
gut die Hälfte

---

grass *n* [grɑːs]

Gras

---

ground *n* [graʊnd]
above ground

Boden
über der Erde/über Tage

---

grow *v* [grəʊ]
to grow tired of sth
to grow up

wachsen, werden
etw satt haben
aufwachsen

---

gun *n* [gʌn]

Gewehr, Waffe

h

hair *n* [hɛər]

Haar

---

hand *n, v* [hænd]
Could you hand me the scissors please?
to give sb a hand
on the other hand

Hand, Uhrzeiger, geben
Kannst Du mir bitte die Schere geben?
jdm helfen
andererseits

---

hang *v* [hæŋ]
Hang on!
to hang out
to hang up the telephone

hängen, aufhängen
Warte auf mich!
sich herumtreiben
den Hörer auflegen

---

happy *adj* [ˈhæpɪ]

glücklich

---

hard *adj* [hɑːd]
Anja had a hard childhood.
He found it hard to quit smoking.

Don't be too hard on him!

hart, schwer, streng
Anja hatte ein schwere Kindheit.
Er fand es schwierig, mit dem Rauchen aufzuhören.
Sei nicht so streng mit ihm!

 hat

hat *n* [hæt]	**Hut**
hate *n, v* [heɪt] *The old man is bitter and full of hate.*	**Hass, hassen, nicht mögen** *Der alte Mann ist bitter und voller Hass.*
have *v* [hæv] *He has two brothers.* *Have you got a cold?* *Nina is having a baby.* *to have sth done*	**haben** *Er hat zwei Brüder.* *Bist du erkältet?* *Nina bekommt ein Baby.* *etw erledigen lassen*
head *n, v* [hed] *The naughty boy was scolded by the Head.* *Greg heads an international company.*	**Kopf, Leiter, führen** *Der böse Junge wurde vom Schulleiter geschimpft.* *Greg leitet ein internationales Unternehmen.*
hear *v* [hɪər] *Did you hear that noise?*	**hören** *Hast du das Geräusch gehört?*
heart *n* [hɑːt] *to know sth off by heart* *have a heart*	**Herz** *etw auswendig kennen* *ein Herz haben für etw*
heavy *adj* ['hevɪ] *to be a heavy drinker/smoker/gambler*	**schwer** *jmd der viel trinkt/raucht/wettet*
help *n, v* [help] *Thanks for your help.* *Help yourself!* *Sorry that I laughed.*	**Hilfe, helfen** *Danke für deine Hilfe.* *Bediene Dich!* *Es tut mir Leid, dass ich lachen musste.*
here *adv* [hɪər]	**hier**
high *adj* [haɪ] *to get high*	**hoch** *im Drogenrausch sein*
highway *n* ['haɪweɪ]	**Landstraße**
his *pron* [hɪs]	**sein**
hit *n, v* [hɪt] *He had a few big hits back in the '60's.* *to hit the bottle* *to hit the sack*	**Schlag, Erfolg, schlagen** *Er hatte einige Erfolge in den 60er-Jahren.* *Alkohol trinken* *schlafen gehen*
hold *n, v* [həʊld] *to hold up a bank*	**Halt, halten, enthalten, anhalten** *eine Bank überfallen*

idle

hole *n* [həʊl]	Loch
holiday *n* [ˈhɔlədɪ]	Feiertag, Urlaub, Ferien
home *n* [həʊm] *to be homeless* *home-made*	Zuhause, Heim *obdachlos sein* *selbstgemacht*
horse *n* [hɔːs]	Pferd
hot *adj* [hɔt] *to be in hot water*	heiß, scharf *in Probleme geraten sein*
hotel *n* [həʊˈtel]	Hotel
hour *n* [ˈaʊər] *He was up till all hours last night.*	Stunde *Er war gestern sehr lange auf.*
house *n, v* [haʊs] *Drinks were on the house.*	Haus, unterbringen *Die Getränke waren umsonst.*
how *adv, conj* [haʊ] *How much did you win?* *She told me how rude he had been.*	wie *Wie viel hast du gewonnen?* *Sie erzählte mir wie unfreundlich er war.*
hungry *adj* [ˈhʌŋgrɪ] *to be hungry*	hungrig *Hunger haben*

I

I *pron* [aɪ]	ich
ice *n, v* [aɪs] *The lake ices over every Winter.*	Eis, vereisen *Der See vereist jeden Winter.*
ice-cream *n* [aɪskriːm]	Eis
ice-cube *n* [aɪskjuːb]	Eiswürfel
icy *adj* [ˈaɪsɪ] *Drive carefully, the roads are icy.*	vereist *Fahre vorsichtig, die Straßen sind vereist.*
idiot *n* [ˈɪdɪət]	Idiot
idle *adj* [ˈaɪdl] *to idle the time away*	untätig, faul *die Zeit vertrödeln*

if

if *conj* [ɪf]
even if
if only ...
If I were you ...

wenn, ob,
selbst wenn
wenn ... bloß
Wenn ich du wäre ...

ill *adj* [ɪl]
to fall ill with sth

krank, übel
an etw erkranken

immediately *adv* [ɪˈmiːdɪətlɪ]
She fell asleep almost immediately.

sofort
Sie ist nahezu sofort eingeschlafen.

info
Finden Sie für sich selbst heraus, wie und wo Sie am besten lernen! Manch einer lernt beim Spazierengehen besser als am Schreibtisch.

important *adj* [ɪmˈpɔːtənt]
an important person

wichtig
eine einflussreiche Person

in *adv, prep* [ɪn]
to be in
Can you come in here for a minute?
We will meet again in three months.
Toya lives in Brazil.

herein, in
in Mode sein
Kannst du kurz hereinkommen?
Wir treffen uns in drei Monaten wieder.
Toya wohnt in Brasilien.

inclination *n* [ɪnklɪˈneɪʃən]
I have no inclination to do that.
Diane has an inclination to be fat.

Lust, Neigung
Ich habe kein Lust das zu machen.
Diana neigt zu Übergewicht.

insect *n* [ˈɪnsekt]

Insekt

inside *n, prep* [ɪnˈsaɪd]
Their house is not very nice inside.

I'm cold, I think I'll go inside.
inside a year
inside out

Innenseite, in, hinein
Das Innere ihres Hauses ist nicht sehr schön.
Mir ist kalt, ich gehe hinein.
innerhalb eines Jahres
linksherum (z. B. T-Shirt)

interest *n* [ˈɪntrest]
to have an interest in sth
His interests include riding and fishing.

Interesse, Hobby, Zinsen
sich für etw interessieren
Seine Hobbys sind Reiten und Angeln.

interesting *adj* [ˈɪntrestɪŋ]

interessant

into *prep* [ˈɪntʊ]
The cat fell into the hole.
Rob is heavily into football.

hinein
Die Katze fiel in ein Loch.
Rob interessiert sich besonders für Fußball.

junk food

invite *v* [ɪnˈvaɪt]	einladen
iron *n, v* [ˈaɪən]	Eisen, Bügeleisen, bügeln
Islam *n* [ˈɪzlɑːm]	Islam
island *n* [ˈaɪlənd] *islander*	Insel *Inselbewohner*
it *pron* [ɪt] *Where's the car ? It's in the garage.*	es *Wo ist das Auto? Es ist in der Garage.*

j

jab *n, v* [dʒab]	Stich, stechen, spritzen
jabber *v* [dʒæbər]	plappern
jack *n* [dʒæk]	Wagenheber, Bube (Spielkarte)
jacket *n* [ˈdʒækɪt]	Jacke, Bucheinband
jail *n, v* [dʒeɪl]	Gefängnis, einsperren
jam *n* [dʒæm] *traffic jam*	Marmelade *Stau*
jar *n* [dʒɑː]	Glas
jazz *n* [dʒæz]	Jazz
jewel *n* [ˈdʒuːəl]	Juwel
jigsaw-puzzle *n* [ˈdʒɪsɔːpazl]	Puzzle
jogging *n* [dʒɔgɪŋ]	Dauerlauf
juice *n* [dʒuːs]	Saft
jump *n, v* [dʒʌmp] *to jump the queue*	Sprung, springen *sich vordrängeln*
jumpy *adj* [dʒʌmpɪ]	nervös
junk food *n* [dʒʌnk fuːd]	Junkfood

 junkie

junkie *n* [dʒʌnkɪ]	Drogenabhängiger
just *adj* [dʒʌst] She has just one sister. Everyone is entitled to a just trial. There was just enough food to go around.	nur, gerecht, gerade noch Sie hat nur eine Schwester. Jeder hat das Recht auf eine faire Verhandlung. Es gab gerade genug Essen für alle.

k

kangaroo *n* [kæŋɡəˈruː]	Känguru
karate *n* [kəˈrɑːtɪ]	Karate
keep *n, v* [kiːp] It keeps happening. Jodie keeps a diary.	Unterhalt, behalten, halten Es passiert immer wieder. Jodie führt Tagebuch.
ketchup *n* [ˈketʃəp]	Ketschup
kettle *n* [ˈketl]	Kessel
key *n* [kiː] to key sth in (computer) to be keyed up	Schlüssel etw eingeben nervös bzw. aufgeregt sein
kid *n* [kɪd]	Kind
kind *adj, n* [kaɪnd] kind of small/sad etc.	freundlich, Art ein bisschen klein/traurig etc.
kind-hearted *adj* [ˈkaɪndˈhɑːtɪd]	gutherzig
kindly *adj, adv* [ˈkaɪndlɪ] He spoke kindly to the child. not to take kindly to sth	freundlich, liebenswürdigerweise Er sprach das Kind freundlich an. irritiert von etw sein
kindness *n* [ˈkaɪndnəs]	Freundlichkeit
king *n* [kɪŋ]	König
kiss *n, v* [kɪs] to give sb the kiss of life	Kuss, küssen jdn wiederbeleben
knead *v* [niːd]	kneten

lay

knee *n* [niː]
to bring sb to their knees

knife *n* [naɪf]
to knife sb

know *v* [nəʊ]
Do you know the film "E.T."?
As far as I know he lives in Colorado.
to be in the know
to be a know-all

Knie
jdn zur Aufgabe zwingen

Messer
jdn erstechen

kennen, wissen
Kennst du den Film „E.T."?
Soweit ich weiß, wohnt er in Colorado.
im Bilde sein
ein Besserwisser sein

ladder *n* [ˈlædər]
to ladder one's tights

lake *n* [leɪk]

lamp *n* [læmp]

land *n, v* [lænd]
The plane landed at the airport.

language *n* [ˈlæŋgwɪdʒ]
bad language
We speak the same language.

Leiter, Laufmasche
seine Strumpfhose einreißen

See

Lampe, Straßenlaterne

Land, landen
Das Flugzeug landete auf dem Flugplatz.

Sprache
unanständige Ausdrücke
den gleichen Geschmack/die gleiche Meinung haben

large *adj* [lɑːdʒ]

last *adj, v* [lɑːst]
He came last in the race.
I last saw her in 1996.
The storm lasted for days.
last name

late *adj* [leɪt]
his late wife
of late

laugh *n, v* [lɑːf]

lay *v* [leɪ]
20 employees were laid off.
Can you lay the table please?

groß

letzte(-r, -s), dauern
Er war der Letzte im Wettbewerb.
Ich sah sie zum letzten Mal 1996.
Der Sturm dauerte Tage.
Familienname

spät, verstorben
seine verstorbene Frau
neulich, in letzter Zeit

Lachen, lachen

legen, decken
20 Mitarbeiter wurden entlassen.
Kannst du den Tisch bitte aufdecken?

 lay-by

lay-by *n* [leɪˈbaɪ]	Rastplatz
leave *v* [liːv] Please leave me alone! She left the house early.	weggehen, lassen, verlassen Lass mich bitte in Ruhe! Sie verließ das Haus früh.
left *adj, adv* [left]	links
leg *n* [leg] to break a leg	Bein, Keule, Etappe sich das Bein brechen
let *v* [let] Mrs Smith has a room to let. to let go to let be	lassen, vermieten Frau Smith hat ein Zimmer zu vermieten. loslassen in Frieden lassen
letter *n* [ˈletər]	Brief
lie *n, v* [laɪ] to tell a white lie Don't leave your things lying about. to have a lie down	Lüge, liegen, lügen eine Notlüge erzählen Lass deine Sachen nicht herumliegen. ein Nickerchen machen
life *n* [laɪf]	Leben
lift *n, v* [lɪft] Could you give me a lift to town?	Aufzug, jdn mitnehmen, heben Könntest du mich in die Stadt mitnehmen?

info

Im amerikanischen Englisch nennt man das Wort **lift** (Aufzug) **elevator**.

light *n, adj* [laɪt] Can you turn the light on please? Have you got a light?	Licht, hell, leicht Kannst du das Licht bitte anmachen? Hast du Feuer?
like *v, prep, adj* [laɪk] This tastes like you'd eat in a restaurant!	mögen, wie, ähnlich Das schmeckt wie im Restaurant!
lip *n* [lɪp] None of your lip!	Lippe Sei nicht frech!
listen *v* [ˈlɪsn]	zuhören
little *adj, adv* [ˈlɪtl] She has very little free time.	klein, wenig Sie hat sehr wenig Zeit.

make

little by little
a little happy/late/nervous etc.

nach und nach
ein bisschen glücklich/spät/nervös etc.

live *v* [lɪv]
He lived in a big flat.
to have to live with sth

leben, wohnen
Er lebte in einer großen Wohnung.
etw tolerieren müssen

long *adj, v* [lɔŋ]
Debbie has long hair.
Is it a long way to the store?
She is longing to see her son again.

lang, weit, nach etwas sehnen
Debbie hat lange Haare.
Ist es weit zum Supermarkt?
Sie sehnt sich danach, ihren Sohn wieder zu sehen.

look *v* [lʊk]
He looked out of the window.
How do I look?
to look after sb
to look forward to sth

schauen, aussehen
Er schaute aus dem Fenster.
Wie sehe ich aus?
auf jdn aufpassen
sich auf etw freuen

lose *v* [luːz]
to lose weight
to lose one's temper

verlieren
abnehmen
die Geduld verlieren

loud *adj* [laʊd]

laut

love *n, v* [lʌv]
for the love of ...

Liebe, Liebling, lieben
aus Liebe zu ...

low *adj* [ləʊ]
Dave suffers from low blood pressure.
to be in low spirits

niedrig, gemein, tief
Dave leidet unter niedrigem Blutdruck.
niedergeschlagen sein

luck *n* [lʌk]
bad luck

Glück
Unglück

lunch *n* [lʌntʃ]

Mittagessen

machine *n* [məˈʃiːn]

Maschine

mail *n, v* [meɪl]
Did you get any mail?
I mailed it to you yesterday.

Post, senden, schicken
Hast du Post bekommen?
Ich habe es dir gestern geschickt.

make *v* [meɪk]
Don makes over $120,000 a year.

machen, zwingen, verdienen
Don verdient über 120.000$ im Jahr.

 man

His mother made him do his homework.	Seine Mutter zwang ihn, seine Hausaufgaben zu machen.

man *n* [mæn] — **Mann**

> **info**
> Wenn man sich im Englischen auf seinen **Ehepartner** bezieht, sagt man nicht „my man" oder „my woman", sondern **my husband** und **my wife**.

many *pron* ['menɪ] — **viele**
  many's the time — oft

map *n* [mæp] — **Landkarte**

me *pers pron* [miː] — **mich, mir**

meal *n* [miːl] — **Mahlzeit**

mean *adj, v* [miːn] — **gemein, geizig, meinen, bedeuten**
  That was a mean thing to say. — Das war gemein.
  That means … — Das bedeutet …

meat *n* [miːt] — **Fleisch**

meet *v* [miːt] — **treffen, begegnen**
  Nice to meet you. — Nett dich kennen zu lernen.

midday *adj* ['mɪd'deɪ] — **Mittag**

middle *n* ['mɪdl] — **Mitte**
  to be middle aged — mittleren Alters sein

midnight *adj* ['mɪdnaɪt] — **Mitternacht**
  to burn the midnight oil — bis spät in die Nacht arbeiten

milk *n, v* [mɪlk] — **Milch, melken**
  The farmer milks the cows every morning. — Der Bauer melkt die Kühe jeden Morgen.

minute *n* ['mɪnɪt] — **Minute**
  I'll be with you in a minute. — Ich bin gleich da.

mistake *n, v* [mɪs'teɪk] — **Fehler, missverstehen, verwechseln**
  to make a mistake — einen Fehler machen
  I mistook him for his brother. — Ich verwechselte ihn mit seinem Bruder.
  by mistake — aus Versehen

must

moment *n* [ˈməʊmənt]
She's in Japan at the moment.

Moment, Augenblick
Sie ist zur Zeit in Japan.

money *n* [ˈmʌnɪ]
to earn money
to spend money
to be in the money

Geld
Geld verdienen
Geld ausgeben
reich sein

moon *n* [muːn]
moonlight

Mond
Mondlicht

more *adv* [mɔː]
There's no more cake left.
more and more
more or less

mehr, noch mehr
Es gibt keinen Kuchen mehr.
immer mehr
mehr oder weniger

morning *n* [ˈmɔːnɪŋ]
in the morning
He only goes to school mornings.

Morgen
am Morgen
Er geht bloß morgens zur Schule.

most *adv* [məʊst]
Most people like sweets.

It was the most boring book I'd ever read.

meist, die meisten, sehr
Die meisten der Leute mögen Süßigkeiten.
Es war das langweiligste Buch, das ich je gelesen hatte.

mountain *n* [ˈmaʊntɪn]
mountaineering

Berg
Bergsteigen

mouse *n* [maʊs]

Maus

mouth *n* [maʊθ]
to be down in the mouth (ugs)
sth looks/smells mouthwatering

Mund
deprimiert sein
etw sieht lecker aus/riecht lecker

move *v* [muːv]
Get a move on! (ugs)
to move house
to move out
Her sad story moved me to tears.

bewegen
Beeil dich!
umziehen
ausziehen
Ihre traurige Geschichte hat mich zu Tränen gerührt.

much *adj, adv* [mʌtʃ]
How much is that?
He doesn't like Karl very much.
Roy's not much good at football.

viel, sehr
Wie viel kostet das?
Er mag Karl nicht besonders.
Roy ist nicht sehr gut im Fußball.

must *n, v* [mʌst]
sb must do sth

Muss, müssen
jmd muss etw tun

 my

You must not do that.
That CD is a must for all jazz-fans.

Du darfst das nicht machen.
Diese CD ist ein Muss für alle Jazz-freunde.

my *pron* [maɪ]
This is my husband.

mein
Das ist mein Mann.

myself *pron* [maɪˈself]
I cut myself.
all by myself

mich
Ich habe mich geschnitten.
ganz allein

nail *n, v* [neɪl]
The police finally nailed the criminal.

Nagel, nageln, fangen
Endlich hat die Polizei den Verbrecher verhaftet.

name *n, v* [neɪm]
They named their first child Marcus.

Name, nennen
Sie nannten ihr erstes Kind Marcus.

narrow *adj* [ˈnærəʊ]
to be narrow-minded

schmall, eng, beschränkt
engstirnig sein

nasty *adj* [ˈnɑːstɪ]
What a nasty smell!
He had a nasty bruise on his jaw.

unangenehm, fies, schlimm
Was für eine fieser Geruch!
Er hat eine schlimme Schramme am Kiefer.

nature *n* [ˈneɪtʃər]
by nature

Natur
von Natur aus

near *adj, prep* [nɪər]
a near relative
Providence is near Boston.

nah, in der Nähe
ein naher Verwandter
Providence liegt in der Nähe von Boston.

neck *n, v* [nek]
sb/sth is a pain in the neck
to get it in the neck

Hals, knutschen
jmd/etw nervt
etw auf den Deckel bekommen

need *n, v* [niːd]

There's no need to shout.
I need new shoes.

Notwendigkeit, Bedürfnis, brauchen
Es gibt keinen Grund zu schreien.
Ich brauche neue Schuhe.

needle *n, v* [ˈniːdl]
to needle sb about sth

Nadel, ärgern
jdn ärgern

nothing

neighbour *n* ['neɪbər]	**Nachbar**
never *adv* ['nevər]	**nie, niemals**
new *adj* [njuː] *I'm new to this area.* *New Year's Eve*	**neu** *Ich bin neu in dieser Gegend.* *Silvester*
news *n* [njuːz] *sb is in the news* *to break the news* *That's news to me.*	**Nachrichten** *jmd ist in den Schlagzeilen* *Neuigkeiten erzählen* *Das wusste ich nicht.*
newspaper *n* [njuːzˈpeɪpər]	**Zeitung**
next *adj, adv* [nekst] *When does the next bus come?* *Who is next?* *Scott lives next door to me.*	**nächste** *Wann kommt der nächste Bus?* *Wer ist als nächstes dran?* *Scott wohnt nebenan.*
nice *adj* [naɪs] *It's nice and warm in here.*	**nett, schön, freundlich** *Es ist ganz schön warm hier drin.*
night *n* [naɪt] *late at night*	**Nacht** *spät am Abend*
no *adv, adj* [nəʊ] *"No way," he said.* *He has no money.*	**nein, keine** *„Keinesfalls", sagte er.* *Er hat kein Geld.*
nobody *pron* ['nəʊbədɪ] *Nobody said a word.* *to be a nobody*	**niemand, keiner** *Niemand sagte etwas.* *unwichtig sein*
noise *n* [nɔɪz] *Don't make so much noise,* *the baby's asleep.*	**Lärm, Geräusch** *Mach nicht soviel Lärm, das Baby schläft.*
noisy *adj* ['nɔɪzɪ]	**laut**
nose *n* [nəʊz] *to keep one's nose clean* *to nose around* *to take a nosedive*	**Nase** *Probleme, Ärger vermeiden* *herumschnüffeln* *einen Sturzflug machen*
nothing *n* ['nʌθɪŋ] *to have nothing to do with sth* *to get sth for nothing* *There's nothing to it!*	**nichts** *nichts mit etw zu tun haben* *etw umsonst bekommen* *Das ist einfach!*

 now

now adv, conj [naʊ]
Where's he living now?
Now that you have a job you can buy a car.
from now on
now and again
now or never

jetzt, da
Wo wohnt er jetzt?
Da du jetzt einen Job hast, kannst du ein Auto kaufen.
von jetzt an
manchmal
jetzt oder nie

nowhere adv [ˈnəuwɛər]
to be getting nowhere with sth

nirgendwo
keine Fortschritte machen

nude adj [njuːd]

nackt

number n, v [ˈnʌmbər]
They numbered 3.
The president's days are numbered.

Zahl, nummerieren
Sie waren zu dritt.
Die Tage des Präsidenten sind gezählt.

nurse n, v [ŋɜs]
to nurse sb
to nurse a baby

Krankenschwester, pflegen
jdn pflegen
ein Baby stillen

nut n [nʌt]
to go nuts (ugs)

Nuss
verrückt werden

oak n [əʊk]

Eiche

of prep [ɔv, əv]
a friend of mine
a man of 30
a blouse made of silk

von, aus
ein Freund von mir
ein dreißigjähriger Mann
eine Seidenbluse

off adv, prep [ɔf]
Turn off the light please!
We're off to France tomorrow.
to be off form

aus, weg, fort
Bitte schalte das Licht aus!
Wir fahren morgen nach Frankreich.
schlecht gelaunt sein

office n [ˈɔfɪs]
be in office

Büro
im Amt/an der Macht sein

often adv [ˈɔftən]
I have been there often.

oft
Ich war oft da.

oil n, v [ɔɪl]
Can you oil my bike please?

Öl, ölen
Kannst du bitte mein Fahrrad ölen?

over

old *adj* [əʊld]
grow old

alt
alt werden

on *adv, prep* [ɔn]
They left the heating on.
The bag is in the attic.
She is coming on Friday.
Dirk wrote an essay on politics.

an, auf, am, über
Sie haben die Heizung angelassen.
Die Tasche ist auf dem Dachboden.
Sie kommt am Freitag.
Dirk schrieb einen Aufsatz über Politik.

once *adv, conj* [wʌns]
He calls his mum once a week.

Once you've done it you will feel better.

einmal, wenn
Er ruft seine Mutter einmal pro Woche an.
Wenn du es einmal gemacht hast, wird es dir besser gehen.

one *adj, pron* [wʌn]
One of her sisters lives in Spain.
the one person
One can never be certain.
a one-way street

eine, einzige, man
Eine ihrer Schwestern wohnt in Spanien.
der Einzige
Man kann niemals sicher sein.
Einbahnstraße

onion *n* [ˈʌnjən]

Zwiebel

only *adv, adj* [ˈəʊnlɪ]
an only child

nur, bloß, einzige
Einzelkind

open *adj, v* [ˈəʊpən]
Leave the windows open, please.
to be open-minded

offen, öffnen, aufmachen
Lass bitte die Fenster offen.
aufgeschlossen sein

or *conj* [ɔːr]

oder

ordinary *adj* [ˈɔːdnrɪ]
out of the ordinary

gewöhnlich
außergewöhnlich

other *adj* [ˈʌðər]

andere(-r, -s)

info

Lernen Sie in Wortfeldern. Sie können sich die Wörter so besser merken!
Zum Beispiel das Thema „Einkaufen": to pay – zahlen, shop – Laden, money – Geld, etc.

our *pron* [aʊə]

unser(-e, -es)

oven *n* [ˈʌvn]

Ofen

over *prep, adv* [ˈəʊvər]
He is famous all over the world.

über, überall, hinüber, vorbei
Er ist überall in der Welt berühmt.

 overcoat

He came over for a chat.	*Er kam auf einen Schwatz vorbei.*
It's over.	*Es ist vorbei.*

overcoat *n* [ˈəʊvəkəʊt] — **Mantel**

own *pron, v* [əʊn] — **eigene(-r, -s), besitzen**
She owns a house in Italy. — *Sie besitzt ein Haus in Italien.*
to own up to sth — *zugeben*

p

page *n* [peɪdʒ] — **Seite**
Please open your book on page three. — *Bitte öffnet eure Bücher auf Seite drei.*

paper *n* [ˈpeɪpər] — **Papier, Zeitung, Arbeit**
to write a paper on sth — *eine Abhandlung über etw schreiben*

part *n, v* [pɑːt] — **Teil, Rolle, sich trennen**
She played the part of Ophelia in Hamlet. — *Sie spielte die Rolle der Ophelia in Hamlet.*

party *n* [ˈpɑːtɪ] — **Party, Feier**

past *n, prep* [pɑːst] — **Vergangenheit, über, vorbei**
in the past — *in der Vergangenheit*
Trish is well past thirty. — *Trish ist weit über dreißig.*
Gillian ran past us. — *Gillian ist an uns vorbeigerannt.*

pay *n, v* [peɪ] — **Bezahlung, Lohn, bezahlen**
to pay off — *auszahlen, entlohnen*

pen *n* [pen] — **Kugelschreiber**

people *n* [ˈpiːpl]
people say — *man sagt*

perhaps *adv* [pəˈhæps] — **vielleicht**

person *n* [ˈpɜsn] — **Person**

pick *n, v* [pɪk] — **Auswahl, pflücken**
Can you pick me up at 8 o'clock? — *Kannst du mich um 8 Uhr abholen?*

picture *n, v* [ˈpɪktʃər] — **Bild, sich vorstellen**
I can't picture him doing that. — *Ich kann mir nicht vorstellen, dass er das macht.*

push

piece *n* [piːs]	Stück
place *n* [pleɪs] *The exhibition takes place in May.*	Platz, Ort, Stelle *Die Messe findet im Mai statt.*
plate *n* [pleɪt]	Teller
play *n, v* [pleɪ] *to play a trick on sb*	Theaterstück, spielen *jdn austricksen*
poor *n, adj* [pʊər] *Robin Hood was fighting for the poor.* *Jeff is too poor to afford a car.* *Ryan is a poor tennis player.*	die Armen, arm, schlecht *Robin Hood kämpfte auf der Seite der Armen.* *Jeff ist zu arm, um sich ein Auto zu leisten.* *Er ist ein schlechter Tennisspieler.*
possible *adj* [ˈpɒsəbl] *Please call me back as soon as possible.*	möglich *Bitte ruf mich so schnell wie möglich zurück.*
present *n, adj* [ˈpreznt] *This watch was a present from my husband.* *Is everyone present?*	Geschenk, Gegenwart, anwesend *Diese Uhr war ein Geschenk meines Mannes.* *Sind alle anwesend?*
pretty *adj, adv* [ˈprɪtɪ] *Zara looked pretty in that dress.* *He was pretty sad when she left.*	hübsch, ziemlich *Zara sah hübsch aus in diesem Kleid.* *Er war ziemlich traurig, als sie ging.*
price *n* [praɪs] *to be priceless*	Preis, Wert *unbezahlbar sein*
prison *n* [ˈprɪzn]	Gefängnis
prize *n* [praɪz] *to prize sth highly*	Preis, Gewinn *etw hoch schätzen*
probably *adv* [ˈprɒbəblɪ]	wahrscheinlich
pull *v* [pʊl] *to pull back* *to pull sb's leg* *to pull sth off* *to pull over (car)*	ziehen *zurückziehen* *jdn auf den Arm nehmen* *etw erfolgreich durchführen* *am Straßenrand anhalten*
push *n, v* [pʊʃ] *Don't ever push the red button.*	Stoß, drücken, schieben *Drücke niemals den roten Knopf.*

 put

put *v* [pʊt]
Where did you put my book?
to put some money by
to be put out
to put off doing sth
to put up with sth

legen, stellen, ausdrücken
Wo hast du mein Buch hingelegt?
Geld sparen
verärgert sein
etw verschieben
sich mit etw abfinden

puzzle *n* [ˈpazl]

Rätsel

pyjamas *n* [pɪˈdʒɑːməs]

Schlafanzug

q

quality *n* [ˈkwɔlɪtɪ]

Qualität

quarrel *n, v* [ˈkwɔrəl]
to quarrel with sb

Streit, streiten
mit jdm streiten

quarter *n* [ˈkwɔːtər]

Viertel

quay *n* [kiː]

Kai

queen *n* [kwiːn]

Königin

question *n, v* [ˈkwestʃən]
to ask a question
question mark
That's out of the question.

Frage, fragen
eine Frage stellen
Fragezeichen
Das ist ausgeschlossen.

quick *adj* [kwɪk]
quick witted

schnell
schlagfertig

quiet *adj* [ˈkwaɪət]
Please be quiet!

ruhig
Sei bitte ruhig!

quiz *n* [kwɪz]

Quiz

radio *n* [ˈreɪdɪəʊ]
We always listen to the radio at work.

Radio
Wir hören in der Arbeit immer Radio.

rain *n, v* [reɪn]
It might rain today.

Regen, regnen
Vielleicht regnet es heute.

room

rare *adj* [rɛər] — selten

rather *adv* [ˈrɑːðər]
Today was rather cold. — ziemlich, eher
Heute war es ziemlich kalt.

read *v* [riːd]
She likes to read comics. — lesen, vorlesen
Sie liest gerne Comics.

ready *adj* [ˈredɪ] — bereit

really *adv* [ˈrɪəlɪ]
That book was really long. — wirklich
Dieses Buch war wirklich lang.

reason *n* [ˈriːzn] — Grund, Verstand

recognise *v* [ˈrekəgnaɪz] — erkennen, anerkennen

red *adj* [red] — rot

relax *v* [rɪˈlæks]
He took a bath to help him relax. — sich entspannen
Er nahm ein Bad, um sich zu entspannen.

remark *n, v* [rɪˈmɑːk] — Bemerkung, bemerken

remember *v* [rɪˈmembər]
I can't remember his name. — sich erinnern
Ich kann mich nicht an seinen Namen erinnern.

rent *n, v* [rent]
Mike owes Ben three months' rent. — Miete, mieten
Mike schuldet Ben drei Monatsmieten.

rescue *n, v* [ˈreskjuː]
The police rescued the hostages. — Rettung, retten
Die Polizei rettete die Geiseln.

rest *v* [rest] — sich ausruhen

rich *adj* [rɪtʃ] — reich, reichhaltig

right *adj* [raɪt]
Turn right at the next lights! — rechts, richtig
Gehen Sie an der Ampel rechts!

ring *n, v* [rɪŋ]
Can you ring me on Monday please? — Kreis, läuten, anrufen
Kannst du mich bitte am Montag anrufen?

road *n* [rəʊd] — Straße

room *n* [rʊm] — Zimmer

run

run *v* [rʌn]
Ben intends to run in the marathon.

rush *n, v* [rʌʃ]
We were in a rush.
rush hour

laufen, rennen
Ben hat vor, den Marathon zu laufen.

Eile, Hetze, eilen
Wir hatten es eilig.
Hauptverkehrszeit

S

sad *adj* [sæd]
sadness

safe *adj* [seɪf]

safety *n* [ˈseɪftɪ]
safety belt

sale *n* [seɪl]
for sale

same *adj* [seɪm]
She is the same age as I am.

Santa Claus *n* [sæntəˈklɔːz]

sea *n* [siː]

traurig,
Traurigkeit

sicher

Sicherheit
Sicherheitsgurt

Verkauf, Schlussverkauf
zu verkaufen

der, die, das Gleiche
Sie ist genauso alt wie ich.

Nikolaus

Meer

info

Vorsicht vor so genannten „Falschen Freunden"! **See** heißt auf Englisch nicht **sea**, sondern **lake**. Das Wort **sea** entspricht dem deutschen Wort **Meer**.

second *n* [ˈsekənd]

see *v* [siː]
I don't see why …
He is going to see his sister tomorrow.

sell *v* [sel]

send *v* [send]
Zoe sent me a postcard from London.

sensible *adj* [ˈsensəbl]

zweite(-r, -s), Sekunde

sehen, besuchen
Ich sehe es nicht ein, dass …
Er besucht morgen seine Schwester.

verkaufen

senden, schicken
Zoe schickte mir eine Postkarte aus London.

vernünftig

soft

she *n* [ʃiː]	sie
shop *n* [ʃɔp] *to go shopping*	Laden *einkaufen gehen*
shoulder *n* [ˈʃəʊldər]	Schulter
shower *n, v* [ˈʃaʊər] *He showers every morning.*	Dusche, Schauer (Wetter), duschen *Er duscht jeden Morgen.*
sick *adj* [sɪk]	krank
simple *adj* [ˈsɪmpl]	einfach
sing *v* [sɪŋ] *She can't sing at all!*	singen *Sie kann überhaupt nicht singen!*
single *adj* [ˈsɪŋgl]	einzig, ledig
sit *v* [sɪt] *She sat down on the couch.*	sich setzen *Sie setzte sich auf das Sofa.*
skin *n* [skɪn]	Haut, Schale
sleep *v* [sliːp] *Joanna is a sleep-walker.*	schlafen *Joanna schlafwandelt.*
slim *adj* [slɪm]	schlank
slow *adj* [sləʊ]	langsam
small *adj* [smɔl]	klein
smart *adj* [smɑːt]	schick, klug
smell *n, v* [smel]	Geruch, riechen
smile *n, v* [smaɪl] *to smile at sb*	Lächeln, lächeln *jdn anlächeln*
smoke *n, v* [sməʊk]	Rauch, rauchen
snow *n, v* [snəʊ] *The children played in the snow.*	Schnee, schneien *Die Kinder spielten im Schnee.*
sofa *n* [ˈsəʊfə]	Sofa
soft *adj* [sɔft]	weich, nachgiebig

somebody

somebody *pron* [ˈsʌmbədɪ] | **jemand**
Can sb call for an ambulance? | *Kann jmd einen Krankenwagen rufen?*

sometimes *adv* [ˈsʌmtaɪms] | **manchmal**

soon *adv* [suːn] | **bald**

sore *adj* [sɔː] | **schmerzend**

speak *v* [spiːk] | **sprechen, reden, sagen**
Can you speak Japanese? | *Kannst du Japanisch sprechen?*

star *n* [stɑː] | **Stern, Star**

start *v* [stɑːt] | **beginnen, anfangen**
The show started at 9 o'clock. | *Die Show hat um 9 Uhr angefangen.*

starve *v* [stɑːv] | **verhungern**

steep *adj* [stiːp] | **steil, teuer**

stop *v* [stɔp] | **aufhören, anhalten**
to stop doing sth | *aufhören, etw zu tun*

straight *adj* [streɪt] | **gerade, ehrlich**

strange *adj* [streɪndʒ] | **fremd, seltsam**

street *n* [striːt] | **Straße**

stress *n, v* [stres] | **Stress, Betonung, betonen**

strong *adj* [strɔŋ] | **stark**
Soccer ist his strong point. | *Fußball ist seine Stärke.*

suddenly *adj* [ˈsʌdnlɪ] | **plötzlich**

suit *n, v* [suːt] | **Anzug, stehen**
Short hair doesn't suit her. | *Kurzes Haar steht ihr nicht.*

suitable *adj* [suːtəbl] | **passend, geeignet**

sure *adj* [ʃʊər] | **sicher, gewiss**

surgeon *n* [ˈʃɜdʒən] | **Chirurg**

swot *v* [swɔt] | **pauken**

sympathy *n* [ˈsɪmpəθɪ] | **Mitleid, Mitgefühl, Beileid**

t

table *n* [ˈteɪbl]	Tisch, Tabelle
tablet *n* [ˈtæblət]	Tablette
take *v* [teɪk] *Gina used to take drugs.*	nehmen *Gina war drogenabhängig.*
talk *n, v* [tɔːk] *I don't want to talk about that.*	Vortrag, Gerede, reden *Ich will nicht darüber sprechen.*
tall *adj* [tɔːL]	groß, hoch
tea *n* [tiː]	Tee, Abendessen

info
Wird man im England zum **tea** eingeladen, handelt es sich dabei nicht um eine Tasse Tee, sondern um eine kleine informelle Mahlzeit.

teacher *n* [tiːtʃər]	Lehrer(in)
telephone *n* [ˈtelɪfəʊn] *on the telephone*	Telefon *am Telefon*
television *n* [ˈtelɪvɪʒən]	Fernsehen
tell *v* [tel] *Don't tell anyone!*	erzählen *Erzähl es niemandem!*
than *conj* [ðæn] *Mark is taller than Rick.*	als *Mark ist größer als Rick.*
thank *v* [θæŋk] *Did you thank her for the present?*	danken *Hast du dich bei ihr für das Geschenk bedankt?*
that *pron, adv* [ðæt] *Who's that over there?* *I can't afford to spend that much.*	der, die, das, so *Wer ist das dort drüben?* *Ich kann es mir nicht leisten, so viel auszugeben.*
then *adv* [ðɛn] *She was married to Rob then.*	damals, dann *Damals war sie mit Rob verheiratet.*

they

they *pers pron* [ðeɪ]
They went to town for lunch.

sie
Sie gingen zum Mittagessen in die Stadt.

---

thick *adj* [θɪk]

dick, dumm

---

thief *n* [θiːf]

Dieb

---

thin *adj* [θɪn]

dünn

---

thing *n* [θɪŋ]
Did you bring your riding things?

Ding, Sachen
Hast du deine Reitsachen dabei?

---

think *v* [θŋk]
I think I've seen him before.

denken, glauben
Ich glaube, ich habe ihn schon einmal gesehen.

---

this *pron* [ðɪs]
Do you like this song?

diese(-r, -s)
Gefällt dir dieses Lied?

---

tidy *adj* ['taɪdɪ]

ordentlich

---

tie *n* [taɪ]

Krawatte

---

tight *adj* [taɪt]

eng, knapp

---

time *n* [taɪm]
What time is it?

Zeit
Wie viel Uhr ist es?

---

tired *adj* ['taɪərd]

müde

---

to *prep* [tuː, tə]
He walked to school.
Her skirt reached her knees.
It's a a quarter to three.

zu, bis, vor
Er ist zur Schule gelaufen.
Ihr Rock reichte bis zu den Knien.
Es ist Viertel vor drei.

---

today *adv* [tə'deɪ]
James doesn't have to work today.

heute
James muss heute nicht arbeiten.

---

together *adv* [tə'geðər]
They lived together before they married.

zusammen
Sie haben zusammen gewohnt, bevor sie heirateten.

---

tomorrow *adv* [tə'mɔrəʊ]

morgen

---

tonight *n* [tə'naɪt]

heute Abend

---

too *adv* [tuː]
Tom is too sick to go to work.

zu, auch
Tom ist zu krank, um zur Arbeit zu gehen.

tooth *n* [tuːθ] — Zahn

town *n* [taʊn] — Stadt

train *n, v* [treɪn] — Zug, trainieren
Isabel is training for a triathlon. — *Isabel trainiert für einen Triathlon.*

trash *n* [træʃ] — Müll, Mist

tree *n* [triː] — Baum

trouble *n* ['trʌbl] — Schwierigkeiten

try *v* [traɪ] — versuchen
Try not to be late! — *Versuche, nicht zu spät zu sein!*

twice *adv* [twaɪs] — zweimal

u

ugly *adj* ['ʌglɪ] — hässlich

umbrella *n* [ʌm'brelə] — Schirm

unavoidable *adj* [ʌnə'vɔɪdəbl] — unvermeidlich

uncalled for *adj* [ʌn'kɔːldfɔːr] — unnötig
Your remarks were uncalled for. — *Deine Bemerkungen waren unnötig.*

uncertain *adj* [ʌn'sɜtn] — unsicher, ungewiss

uncle *n* ['ʌŋkl] — Onkel

undecided *adj* [ʌndɪ'saɪdɪd] — unschlüssig

under *adj* ['ʌndər] — unter
under age — *minderjährig*

understand *v* [ʌndə'stænd] — verstehen
Did you understand what he said? — *Hast du verstanden, was er sagte?*

until *conj* [ən'tɪl] — bis
Let's wait until he gets here. — *Warten wir, bis er hierher kommt.*

up *prep, adv* [ʌp] — auf, oben, bis
I'll pay you up to 20 pounds. — *Ich zahle dir bis zu 20 Pfund.*
Peter was up late last night. — *Peter war gestern Nacht lange auf.*

us *pers pron* [ʌs]	uns
use *n, v* [juːs] It's no use!	Gebrauch, Zweck, gebrauchen Es ist zwecklos!
U-turn *n* [ˈjuːˈtɜːn]	Kehrtwendung

V

vacation *n* [vəˈkeɪʃən]	Ferien
vain *adj* [veɪn] They tried in vain to rescue the person.	eitel, vergeblich Sie versuchten vergeblich, die Person zu retten.
valuable *adj* [ˈvæljuːəbl]	wertvoll, kostbar
van *n* [væn] We'll transport the big pieces with the van.	Lieferwagen Wir werden die großen Teile mit dem Lieferwagen transportieren.
vanilla *n* [vəˈnɪlə]	Vanille
vanish *v* [ˈvænɪʃ] The man vanished into the crowd.	verschwinden Der Mann verschwand in der Menge.
vase *n* [vɑːs]	Vase
veal *n* [viːl]	Kalbfleisch
vegetable *n* [ˈvedʒtəbl]	Gemüse
vegetarian *n* [vedʒɪˈteərɪən] Amy has been a vegetarian for one year.	Vegetarier Amy ist seit einem Jahr Vegetarierin.
venture *n* [ˈventʃər]	Unternehmung
vertical *adj* [ˈvɜtɪkəl]	senkrecht
very *adv* [ˈverɪ] The homework was very easy this time.	sehr Diesmal waren die Hausaufgaben kinderleicht.
vet *n* [vet]	Tierarzt
vex *v* [veks]	ärgern

weather

vice versa *n* ['vaɪs'vɜsə]	umgekehrt
victory ['vɪktərɪ]	Sieg
village *n* ['vɪlɪdʒ]	Dorf
visible *adj* ['vɪzəbl] He was visibly shaken after the car crash.	sichtbar Er war nach dem Unfall sichtbar erschüttert.
visit *v* ['vɪzɪt] He visited me when I was in hospital.	besuchen Er besuchte mich, als ich im Krankenhaus war.
vocabulary *n* [vəʊ'kæbjʊlərɪ]	Wortschatz
vodka *n* ['vɔdkə]	Wodka
vowel *n* ['vaʊəl]	Vokal

W

wait *v* [weɪt] Can you wait for me please?	warten Kannst du bitte auf mich warten?
waiter *n* [weɪtr]	Kellner
walk *v* [wɔːk] I had a flat tyre and had to walk home.	gehen Ich hatte eine Panne und musste nach Hause laufen.
want *v* [wɔnt] They want to buy a new car.	wollen Sie wollen ein neues Auto kaufen.
warm *adj* [wɔːm]	warm
wash *v* [wɔʃ] Did you wash your hands?	waschen Hast du deine Hände gewaschen?
water *n* ['wɔːtər]	Wasser
way *n* [weɪ] What is the best way to learn English?	Richtung, Weg, Art Wie lernt man am besten Englisch?
we *pers pron* [wiː]	wir
weather *n* ['weðər]	Wetter

45

week

week *n* [wiːk]
Get this done by next week!

Woche
Erledige das bis nächste Woche!

well *n, adj* [wel]
Is Paula well enough to go today?

Quelle, gut, gesund
Ist Paula heute gesund genug, um zu gehen?

wet *adj* [wet]

nass

what *pron* [wɔt]
What are you doing tonight?

was
Was machst du heute Abend?

when *adv, conj* [wen]
When did Vicky ring?
I met him recently when I was at the supermarket.

wann, als, wenn
Wann hat Vicky angerufen?
Ich traf ihn neulich, als ich im Supermarkt war.

info

Wenn wird mit **when** oder mit **if** übersetzt und **wann** wird mit **when** übersetzt.

where *adv* [wɛər]
Where does he come from?

wo, wohin, woher
Woher kommt er?

which *pron* [wɪtʃ]
Which flowers are nicer?

welche(-r, -s)
Welche Blumen sind schöner?

info

Verwenden Sie **which**, wenn die Anzahl der Möglichkeiten begrenzt ist (which cup is yours), und verwenden Sie **what** wenn die Anzahl nicht begrenzt ist (what sports do you like).

while *n, conj* [waɪl]
He called while I was sleeping.

Weile, während
Er rief an, während ich schlief.

who *pron* [huː]
Who is that woman?
The old man who was here yesterday is ...

wer, wen, wem, der, die, das
Wer ist diese Frau?
Der alte Mann, der gestern hier war, ist ...

whole *adj* [həʊl]
throughout the whole year

ganz
das ganze Jahr über

why *adv* [waɪ]
Why did you do that?

warum
Warum hast du das gemacht?

Yank

wife *n* [waɪf]	Ehefrau
wind *n* [wɪnd]	Wind
window *n* [ˈwɪndəʊ] shop window	Fenster *Schaufenster*
wine *n* [waɪn]	Wein
wish *n, v* [wɪʃ] I wish I could do that as well.	Wunsch, wünschen, wollen *Ich wünschte, ich könnte das auch.*
with *prep* [wɪð] I had an argument with Leah.	mit *Ich hatte einen Streit mit Leah.*
woman *n* [ˈwʊmən]	Frau
wood(s) *n* [wʊd(s)] I nearly got lost in the woods.	Holz, (Wald) *Ich habe mich gestern fast im Wald verlaufen.*
wool *n* [wʊl]	Wolle
word *n* [wɜd]	Wort
work *n, v* [wɜk] Philip has a lot of work to do. Kim works in a café.	Arbeit, arbeiten *Philip hat viel Arbeit zu erledigen.* *Kim arbeitet in einem Cafe.*
world *n* [wɜld]	Welt
write *v* [raɪt] She never learned to read or write.	schreiben *Sie hat das Lesen und Schreiben nie gelernt.*
wrong *n* [rɔŋ]	falsch, unrecht

x/y/z

Xmas *n* [ˈeksməs]	Weihnachten
X-ray *n* [ˈeksˈreɪ]	Röntgenaufnahme
yacht *n* [jɔt]	Jacht
Yank *n* [jænk]	Ami

year

year *n* [jɪər]
Peter moved in the previous year.

yellow *adj* ['jeləʊ]

yes *adv* [jes]

yesterday *adv* ['jestədeɪ]
What did you do yesterday?

yet *adv, conj* [jet]
Are you finished eating yet?

you *pers pron* [juː]
Can you lend me twenty pounds?

young *adj* [jʌŋ]

your *pos pron* [juːə]
Your shoe laces are undone.

zebra *n* ['ziːbrə]

zero *n* ['zɪərəʊ]

zip *n* [zɪp]

Jahr
Peter ist im letzten Jahr eingezogen.

gelb

ja

gestern
Was hast du gestern gemacht?

noch, schon, obwohl
Bist du mit dem Essen schon fertig?

du, sie, ihr *(pl)***, sie**
Könntest du mir zwanzig Pfund leihen?

jung

dein, eure, euer, Ihr
Deine Schnürsenkel sind offen.

Zebra

null

Reißverschluss

advantage

a

abandon *v* [əˈbændən]
to abandon sb

verlassen, aufgeben
jdn verlassen

abduct *v* [æbˈdʌkt]
The diplomat was abducted.

entführen
Der Diplomat wurde entführt.

about *adv, prep* [əˈbaʊt]
I waited for about an hour for her.
Tell me about your new boyfriend.

ungefähr, etwa, über
Ich wartete ungefähr eine Stunde auf sie.
Erzähl mir etw über deinen neuen Freund.

above *adv, prep* [əˈbʌv]
above all

über, darüber, oben
vor allem, in erster Linie

abroad *adv* [əˈbrɔːd]
Lisa went abroad for a year
to improve her English.

im Ausland
Lisa ging für ein Jahr ins Ausland,
um ihr Englisch zu verbessern.

absent *adj* [ˈæbsənt]
Tom was absent because he was ill.

abwesend
Tom war abwesend, weil er krank war.

accept *v* [əkˈsept]
I accept your decision.

annehmen, akzeptieren
Ich akzeptiere deine Entscheidung.

account *n* [əˈkaʊnt]

Konto

act *v* [ækt]
He's acting like it's all my fault.

handeln, sich verhalten
Er verhält sich, als ob es alles meine Schuld wäre.

activity *n* [ækˈtɪvɪtɪ]

Tätigkeit

actual *adj* [ˈæktʃʊəl]

wirklich, tatsächlich

add *v* [ædd]
First stir the mixture, then add the eggs.

hinzufügen, addieren
Rühren Sie zuerst den Teig und fügen dann die Eier hinzu.

adequate *adj* [ˈædɪkwət]

angemessen

administration *n* [ədmɪnɪˈstreɪʃən]

Verwaltung

advantage *n* [ədˈvɑːtɪdʒ]
to have an advantage over sb

Vorteil
jdm gegenüber im Vorteil sein

advice

advice n [ədˈvaɪz]
a piece of advice

Rat
ein Rat

afraid adj [əˈfreɪd]
to be afraid of sth

besorgt, ängstlich
Angst vor etw haben

ago adv [əˈgəʊ]
a few minutes ago

vor
vor einigen Minuten

agreement n [əˈgriːmənt]

Vereinbarung, Übereinstimmung

aim n, v [eɪm]
to aim to do sth

Ziel, etw vorhaben
vorhaben, etw zu machen

allow v [əˈlaʊ]
Smoking is not allowed in here.

erlauben, gestatten
Rauchen ist hier nicht gestattet.

although conj [ɔːlˈðəʊ]
Will doesn't speak any French, although his mother is French.

obwohl
Obwohl seine Mutter Französin ist, spricht er kein Französisch.

amount n [əˈmaʊnt]

Betrag

ankle n [ˈæŋkəl]

Knöchel

announce v [əˈnaʊns]
The actor announced that he would retire.

ankündigen, bekannt machen
Der Schauspieler hat angekündigt, dass er in Rente geht.

apart adv [əˈpɑːt]
Dora and Jim live 40 miles apart.

getrennt, auseinander
Dora und Jim leben 40 Meilen voneinander entfernt.

appear v [əˈpɪə]
A plane suddenly appeared on the radar.

He appears to be nice.

erscheinen, scheinen
Ein Flugzeug ist plötzlich auf dem Radar erschienen.
Er scheint nett zu sein.

appetite n [ˈæpɪtaɪt]
to lose one's appetite

Appetit
den Appetit verlieren

apply v [əˈplaɪ]
She applied for a job in our company.

auftragen, sich bewerben
Sie hat sich um eine Stelle in unserer Firma beworben.

appropriate adj [əˈprəʊprɪeɪt]

angebracht, angemessen

approve v [əˈpruːv]
Kurt doesn't approve of smoking.

billigen
Kurt hält nichts vom Rauchen.

base

area *n* ['eərɪə]	Gebiet, Fläche
argument *n* ['ɑːgjʊmənt] to have an argument with sb	Auseinandersetzung mit jdm streiten
assignment *n* [ə'saɪmmənt]	Auftrag, Aufgabe
assistance *n* [ə'sɪstəns]	Unterstützung, Hilfe
assume *v* [ə'sjuːm] I assume he's coming.	annehmen Ich nehme an, dass er kommt.
attempt *n, v* [ə'tempt]	Versuch, versuchen
attention *n* [ə'tenʃən] Please pay attention!	Aufmerksamkeit, Achtung Aufpassen, bitte!
attitude *n* ['ætɪtjuːd]	Einstellung
audience *n* ['ɔːdɪəns]	Publikum, Zuhörer, Zuschauer
author *n* ['ɔːθə]	Autor, Schriftsteller
available *adj* [ə'veɪləbl] Are you available to work on Sunday?	erhältlich Kannst du am Sonntag arbeiten?
average *n, adj* ['ævərɪdʒ] Your grades are well above average. The average temperature in summer is 25°C.	Durchschnitt, durchschnittlich Deine Noten sind über dem Durchschnitt. Die durchschnittliche Temperatur im Sommer beträgt 25°C.
awake *adv* [ə'weɪk]	wach

b

background *n* [bækgraʊnd]	Hintergrund
bake *v* [bæk]	backen
balcony *n* ['bælkənɪ]	Balkon
band *n* ['bænd] to band together	Gruppe, Bande, Musik-Band sich vereinigen
base *n, v* [beɪs] to be based on sth	Basis, Grundlage, Boden basieren auf

basic

basic *adj* ['beɪsɪk]
He has a basic knowledge of French.

grundlegend
Er hat Grundkenntnisse in Französisch.

bay *n, v* [beɪ]

Bucht, bellen

beach *n* [biːtʃ]

Strand

beat *n, v* [biːt]
to beat sb up

Schlag, schlagen
jmd zusammenschlagen

beautiful *adj* ['bjuːtɪfəl]

schön

beauty *n* ['bjuːtɪ]

Schönheit

because *conj, prep* [bɪ'kɔz]
She stayed at home because she was ill.
He is on a diet because of his health.

weil, wegen
Sie blieb zu Hause, weil sie krank war.
Er ist wegen seiner Gesundheitsprobleme auf Diät.

become *v* [bɪ'kʌm]
He became angry.

werden
Er wurde wütend.

becoming *adj* [bɪ'kʌmɪŋ]
Her dress is very becoming.

schon
Das Kleid steht ihr gut.

before *prep, conj* [bɪ'fɔː]
Tim got there before me.
Call Michael before you forget.
I'd resign before I'd apologise to him.

vor, früher, zuvor
Tim kam vor mir an.
Ruf Michael an, bevor du es vergisst.
Ich kündige, ehe ich mich bei ihm entschuldige.

behavior *n* [bɪ'heɪvjə]

Benehmen

believe *v* [bɪ'liːv]
to believe in sth

glauben, denken, meinen
an etw glauben

below *prep, adv* [bɪ'ləʊ]

unter, darunter

beside *prep* [bɪ'saɪd]
Martin lives beside the school.

neben, bei
Martin wohnt neben der Schule.

besides *prep* [bɪ'saɪdz]
He has no friends besides you.

zusätzlich, außer
Er hat keine Freunde außer dir.

between *prep* [bɪ'twiːn]

zwischen

beyond *adj* [bɪ'jɔnd]
beyond doubt
beyond repair

jenseits, über hinaus
ohne Zweifel
nicht reparierbar

birth *n* [bɜːθ]
date of birth

Geburt
Geburtsdatum

bit *n, adv* [bɪt]
a bit hungry

Stück, bisschen
etw hungrig

block *n, v* [blɔk]

My nose is blocked.

Block, etw verhindern, verstopfen
Meine Nase ist verstopft.

blood *n* [blʌd]

Blut

board *n* [bɔːd]
on board

Brett, Ausschuss
an Bord

bone *n* [bəʊn]

Knochen

bore *v* [bɔː]
She is a boring person.
She is bored.

bohren, langweilen
Sie ist eine langweilige Person.
Es ist ihr langweilig.

both *adj* [bəʊθ]
He broke both his legs in an accident.

beide
Er brach sich bei einem Unfall beide Beine.

break *v* [breɪk]
to break in
to break out in a rash
to break up with sb

brechen
einbrechen
einen Hautausschlag bekommen
mit jdm Schluss machen

breathe *v* [breθ]
breathe in
breathe out

Atem
einatmen
ausatmen

brief *adj* [briːf]

kurz

info

Versuchen Sie, mit englischen Muttersprachlern in Kontakt zu kommen.
Egal ob im Urlaub oder z. B. durch eine Brieffreundschaft – es ist immer eine gute Übung.

bright *adj* [braɪt]

hell, klug

broad *adj* [brɔːd]

breit

budget *n* [ˈbʌdʒɪt]

Budget

burn

burn v [bɜn] *to burn sth*	verbrennen, brennen *etw verbrennen*
business n [ˈbɪznɪs] *to mean business* *That's none of your business!*	Geschäft *etw ernst meinen* *Das geht dich nichts an!*
busy adj [ˈbɪzi] *I don't have time, I'm busy.*	beschäftigt *Ich habe keine Zeit, ich bin beschäftigt.*
buy v [baɪ] *He needs to buy new shoes.*	kaufen *Er muss neue Schuhe kaufen.*

C

camp n, v [kæmp]	Lager, zelten
capital n [ˈkæpɪtl] *capital letter*	Hauptstadt *Großbuchstabe*
care n, v [kɛər] *I don't care.* *Take care!* *to care for sb*	Pflege, sorgen *Es ist mir egal.* *Pass auf dich auf!* *jmd mögen*
career n [kəˈrɪə]	Karriere
central adj [ˈsentrəl] *central station*	zentral *Hauptbahnhof*
certain adj [ˈsɜtən]	sicher, gewiss
chain n, v [ˈtʃeɪn] *to chain smoke*	Kette, anketten *Kettenrauchen*
chance n [tʃɑːns] *by chance*	Glück, Risiko, Möglichkeit *zufällig*
chapter n [ˈtʃəptər]	Kapitel
charge v [tʃɑːdʒ] *to be in charge* *to be free of charge*	Preis *verantwortlich sein für etw* *gratis*
chemical n [ˈkemɪɪəl]	chemisch
chief n [tʃiːf]	Chef

complete

childhood *n* [tʃaɪldhʊd] — Kindheit

choice *n* [tʃɔɪs] — Wahl, Auswahl
He had no choice but to tell the truth. — *Er hatte keine andere Wahl, als die Wahrheit zu sagen.*

church *n* [tʃɜːtʃ] — Kirche

circle *n, v* [ˈsɜkl] — Kreis, kreisen
The aeroplane circled the airport before landing. — *Das Flugzeug kreiste über dem Flughafen, bevor es landete.*

claim *n, v* [kleɪm] — Anspruch, Behauptung, behaupten
He claims to have been to India. — *Er behauptet, in Indien gewesen zu sein.*

class *n, v* [klaːs] — Klasse, klassifizieren
to have class — *elegant sein*

club *n* [klʊb] — Knüppel, Club

coast *n, v* [kəʊst] — Küste, im Leerlauf fahren

collection *n* [kəˈlektsən] — Sammlung
Amy has a very big stamp collection. — *Amy hat eine sehr große Briefmarkensammlung.*

college *n* [kˈɔlɪdʒ] — College

commercial *n, adj* [kəˈmɜʃəl] — Werbespot, kommerziell
Her first novel was not a commercial success. — *Ihr erster Roman war kein kommerzieller Erfolg.*

info

Lesen Sie einfach einmal einen Roman auf Englisch. Am Anfang vielleicht Ihr Lieblingsbuch, das Sie schon auf Deutsch gelesen haben.

common *adj* [ˈkɔmən] — üblich, gewöhnlich, gemeinsam
Müller is a common name in Germany. — *Müller ist ein verbreiteter Name in Deutschland.*
Pearl and I have nothing in common. — *Pearl und ich haben nichts gemeinsam.*

competition *n* [kɔmpɪˈtɪʃən] — Wettbewerb
the competition — *die Konkurrenz*

complete *adj, v* [kəmˈpliːt] — vollkommen, ganz, beenden
to complete a job — *eine Arbeit beenden*

condition

condition *n* [kənˈdɪʃən] — **Zustand, Bedingung, Kondition**
Her room was in a terrible condition. — *Ihr Zimmer war in einem schlechten Zustand.*
on the condition that ... — *unter der Bedingung, dass ...*
Mia is in good condition. — *Mia ist fit.*

confidence *n* [ˈkɔnfɪdəns] — **Zutrauen**
self-confidence — *Selbstvertrauen*
to tell sb sth in confidence — *jdm etw im Geheimen sagen*

conflict *n* [ˈkɔnflɪkt] — **Konflikt**
conflicting reports — *widersprüchliche Berichte*

contact *n, v* [ˈkɔntækt] — **Kontakt, kontaktieren**
to contact sb — *sich mit jdm in Kontakt setzen*

contain *v* [kənˈteɪn] — **enthalten**

control *n, v* [kənˈtrəʊl] — **Kontrolle, kontrollieren**
out of control — *außer Kontrolle*

conversation *n* [kɔnvəˈseɪʃən] — **Gespräch**

cool *adj* [kuːl] — **kühl**

cover *n, v* [ˈkʌvər] — **Decke, Deckel, bedecken**
My shoes were covered in mud. — *Meine Schuhe waren voll mit Schmutz.*
to cover up for sb — *jmd decken*

create *v* [krɪˈeɪt] — **erschaffen, verursachen**
His appearance created quite a stir. — *Sein Auftritt hat einen Aufruhr verursacht.*

credit *n* [ˈkredɪt] — **Kredit**

crisis *n* [ˈkraɪsɪs] — **Krise**

cross *n, v, adj* [krɔs] — **Kreuz, überqueren, sauer**
to cross one's legs — *die Beine übereinander schlagen*
Dan was cross for coming late. — *Dan war sauer, weil er spät kam.*

crowd *n, v* [kraʊd] — **Menge, drängen**
A crowd gathered outside the Parliament buildings. — *Eine Menschenmenge versammelte sich vor dem Regierungssitz.*

culture *n* [ˈkʌltʃər] — **Kultur**

current *n, adj* [ˈkʌrənt] — **Strömung, aktuell**
current affairs — *Zeitgeschehen*

d

daft *adj* [dɑːft]

doof, blöd

daily *adj* [ˈdeɪlɪ]
The post is collected on a daily basis.

täglich
Die Post wird täglich abgeholt.

damage *n, v* [ˈdæmɪdʒ]
The judge awarded him 2000 pounds in damages.

Schaden, beschädigen
Der Mann bekam 2000 Pfund Schadenersatz.

dandruff *n* [ˈdændrəf]

Kopfschuppen (pl)

data *n* [deɪtə]

Daten

date *n, v* [deɪt]
Jenny is dating Ian.

Datum, Verabredung
Jenny geht zur Zeit mit Ian.

deaf *adj* [def]

taub

deal *n, v* [diːl]

Abmachung, Geschäft, handeln

debit *n* [det]

Schuldposten

decide *v* [dɪˈsaid]
to decide on sth
to decide for/against sb/sth

entscheiden
etw beschließen
für/gegen etw entscheiden

defense *n* [dɪˈfens]

Verteidigung

demand *n, v* [dɪˈmaːnd]

The boss demanded an explanation.

Verlangen, Nachfrage, verlangen
Der Chef verlangte eine Erklärung.

depart *v* [dɪˈpaːt]
The plane departed on schedule.

abfahren
Das Flugzeug ist pünktlich abgeflogen.

depth *n* [depθ]

Tiefe

describe *v* [dɪsˈkraɪb]

beschreiben

design *n, v* [dɪˈzaɪn]
She designed her own wedding dress.

Design, Entwurf, entwerfen
Sie hat ihr Hochzeitskleid selbst entworfen.

desk *n* [desk]

Schreibtisch

despite

despite *prep* [dɪˈspaɪt]	trotz
detail *n* [ˈdiːteɪl] *in detail*	Einzelheiten, Details *im Detail*
detective *n* [dɪˈtektɪv]	Detektiv
develop *v* [dɪˈveləp] *to develop photographs*	entwickeln *Fotos entwickeln*
difference *n* [ˈdɪfərəns] *Can you tell me the difference between British and American English?*	Unterschied *Kannst du mir den Unterschied zwischen britischem und amerikanischem Englisch erklären?*
directly *adj* [daɪˈrektlɪ] *He went home directly after work.*	direkt, sofort *Er ging nach der Arbeit direkt nach Hause.*
director *n* [dɪˈrektər]	Direktor
discuss *v* [dɪsˈkʌs] *We discussed the president's speech.*	besprechen, diskutieren *Wir diskutierten die Rede des Präsidenten.*
disease *n* [dɪˈziːz]	Krankheit
distance *adj* [ˈdɪstəns] *The school is within walking distance.* *to keep one's distance from sth/sb* *to distance oneself from sb/sth*	Entfernung, Distanz *Die Schule ist zu Fuß zu erreichen.* *sich von etw/jdm fernhalten* *sich von jdm/etw distanzieren*
distribute *v* [dɪsˈtrɪbjuːt]	verteilen
division *n* [dɪˈvɪʒən]	Teilung, Division, Abteilung
doubt *n, v* [daʊt] *no doubt* *to be in doubt* *case of doubt*	Zweifel, bezweifeln *ohne Zweifel* *unsicher sein* *Zweifelsfall*
dozen *n* [ˈdʌzn]	Dutzend
dramatic *adj* [drəˈmætɪk] *Don't be so dramatic!*	dramatisch *Mach es nicht so dramatisch!*
drunk *adj, n* [drʌŋk] *He got really drunk at the party.* *Matt is a drunk.*	betrunken, Trinker *Er war sehr betrunken auf der Party.* *Matt ist ein Trinker.*

else

due *adj, adv* [djuː]
My rent is due in April.
Her baby is due in March.
The match was cancelled due to bad weather conditions.

fällig, erwartet, wegen
Meine Miete ist im April fällig.
Sie erwartet ihr Kind im März.
Das Spiel wurde wegen schlechten Wetters abgesagt.

during *adv* [ˈdjʊərɪŋ]
The baby woke up 3 times during the night.

während
Das Baby wachte in der Nacht dreimal auf.

dust *n, v* [dʌst]
He dusted the living room.
to dust a cake with sugar

Staub, abstauben, bestauben
Sie wischte im Wohnzimmer Staub.
einen Kuchen mit Zucker bestreuen

duty *n* [ˈdjuːtɪ]
duty-free

Pflicht, Einfuhrzoll
zollfrei

dwelling *n* [dwelɪŋ]

Wohnung

e

edge *n* [edʒ]
to be on edge
on edge

Rand, Kante
verärgert sein
hochkant

education *n* [edjuˈkeɪʃən]

Bildung

effect *n, v* [ɪˈfekt]
The medicine had no effect.

Wirkung, bewirken, wirken
Das Medikament hat keine Wirkung.

effort *n* [ˈafət]
without effort
He made no effort to help.

Anstrengung, Mühe
ohne Anstrengung
Er hat sich nicht bemüht zu helfen.

either *conj, adj, adv* [ˈaɪðər]
I don't like wine either.
on either side
You can either fax or call me.

beide
Ich mag auch keinen Wein.
auf beiden Seiten
Du kannst mir entweder ein Fax schicken oder anrufen.

electric *adj* [ɪˈlektrɪk]

elektrisch

element *n* [ˈelɪmənt]

Element

else *adv* [els]
What else can she do?
Anything else?

sonst
Was sonst kann sie machen?
Darf's sonst noch was sein?

emotional

emotional adj [ɪˈməʊʃən]
an emotional person
an emotional situation

emotional
eine emotionale Person
eine ergreifende Szene

employee n [emplɔɪˈiː]

Angestellter

enemy n, adv [enɪmɪ]
They are bitter enemies.
The troops are now in enemy territory.

Feind, feindlich
Sie sind bittere Feinde.
Die Truppen sind jetzt in feindlichem Territorium.

energy n [ˈenədʒɪ]
to be full of energy

Energie
voller Energie sein

enjoy v [ɪnˈdʒɔɪ]
Did you enjoy the evening?
Joel enjoys a luxurious life style.

genießen, amüsieren
Hast du den Abend genossen?
Joel hat einen luxoriösen Lebensstil.

entire adj [ɪnˈtaɪər]
She spent the entire day in bed.

entirely different

ganz
Sie verbrachte den ganzen Tag im Bett.
grundverschieden

equal adj [ˈiːkwl]
to be equal to the task

gleich
der Aufgabe gewachsen sein

equipment n [ˈkwɪpmənt]

Ausrüstung, Gerät

escape n, v [ɪsˈkeɪp]
Many escape attempts from Alcatraz failed.
A tiger escaped from the zoo yesterday.

His name escapes me.

Flucht, fliehen
Viele Fluchtversuche aus Alcatraz sind gescheitert.
Eine Löwe ist gestern aus dem Zoo entflohen.
Ich kann mich nicht an seinen Namen erinnern.

especially adv [ɪsˈpeʃəlɪ]
Al likes ice-cream, especially chocolate.

besonders
Al mag Eis, besonders Schokoladengeschmack.

essential adj [ɪˈsenʃəl]
A basics knowledge of Math is an essential.
It is essential that you listen.

allernötigst, unentbehrlich
Grundlegende Kenntnisse in Mathematik sind unentbehrlich.
Es ist sehr wichtig, dass du zuhörst.

establish v [ɪsˈtæblɪʃ]
The firm was established in 1923.
The police have established his guilt.

gründen, nachweisen
Die Firma wurde 1923 gegründet.
Die Polizei hat seine Schuld nachgewiesen.

experiment

event *n* [ɪˈent]
in the event of

Ereignis
im Falle

eventually *adv* [ɪˈventʃʊəlli]
They eventually got married.

schließlich, am Ende
Schließlich heirateten sie.

ever *adv* [ˈevər]
Were you ever there?
hardly ever
for ever and ever
ever since

jemals
Warst du jemals dort?
kaum, so gut wie nie
für immer und ewig
seitdem

everybody *pron* [ˈevrɪbɔdɪ]
Everybody laughed at the joke.

jeder
Jeder lachte über den Witz.

evidence *n* [ˈevɪdəns]

Beweis

exactly *adj* [ɪgˈzæktlɪ]
What exactly did she say?

genau
Was genau sagte sie?

exchange *n, v* [ɪksˈtʃeɪndʒ]

You can't exchange goods without a receipt.

Austausch, austauschen, wechseln
Man kann nichts ohne Kassenzettel umtauschen.

executive *n* [ɪgˈzekjʊtɪv]

Geschäftsführer

exercise *n, v* [ˈeksəsaɪz]
an English exercise
Martin exercises every day.

Übung, Sport treiben
eine Englisch-Übung
Martin treibt jeden Tag Sport.

exist *v* [ɪgˈzɪst]

existieren

expect *v* [ɪksˈpekt]
I've been expecting you.
to be expecting

erwarten, annehmen
Ich habe dich erwartet.
schwanger sein

expense *n* [ɪksˈpens]
at the expense of sb else

Kosten
auf Kosten anderer

experience *n, v* [ɪksˈpɪərɪəns]
I have no experience in that field.

She had never experienced pain like that before.

Erfahrung, erleben, erfahren
Ich habe auf diesem Gebiet keine Erfahrung.
Sie hatte nie vorher solche Schmerzen gehabt.

experiment *n, v* [ɪksˈperɪmənt]
to conduct an experiment
results of an experiment

Versuch, experimentieren
einen Versuch durchführen
Versuchsergebnisse

expression

expression *n* [ɪksˈpreʃən]
facial expression

Ausdruck
Gesichtsausdruck

extend *v* [ɪksˈtend]
to extend a visit
to extend (a wall/a house etc.)

verlängern, ausbauen
einen Aufenthalt verlängern
ausbauen

extra *adj* [ekstrə]

zusätzlich

extreme *adj* [ɪksˈtriːm]

äußerst

f

fact *n* [fækt]

Tatsache

factor *n* [ˈfæktər]

Faktor

fail *v* [feɪl]
Otto failed the German exam.
Her health is failing.

nicht bestehen, nachlassen
Otto ist in Deutsch durchgefallen.
Ihre Gesundheit lässt nach.

failure *n* [ˈfeɪljər]
to be a failure

Versagen
ein Versager sein

fair *adj* [fɛər]
Most Swedes are fair-haired.

That's not fair!

blond, hell, gerecht
Die meisten Schweden haben blondes Haar.
Das ist ungerecht!

fairytale *n* [ˈfɛərɪteɪl]

Märchen

faith *n* [feɪθ]

Glauben

familiar *adj* [fəˈmɪlɪər]
to be familiar with sb/sth

bekannt, familiär
mit jdm/etw vertraut sein

fashion *n* [ˈfæʃən]
to be in/out of fashion

Mode
in Mode/aus der Mode sein

favour *n* [ˈfeɪvər]
Could you do me a favour?
to be in favour of sth

Gefallen
Könntest du mir einen Gefallen tun?
für etw sein

fear *n, v* [fɪər]
She suffers from a fear of heights.
to fear sb/sth

Angst, Furcht, fürchten
Sie leidet an Höhenangst.
jdn/etw fürchten

force

features *n* ['fiːtʃərs]	Gesichtszüge, Eigenschaften
feed *v* [fiːd] *She must feed the baby every 2 hours.*	füttern *Sie muss das Baby alle 2 Stunden füttern.*
fellow *n* ['feləʊ]	Kerl, Mitbürger
female *n* ['fiːmeɪl]	weiblich
few *adj, pron* [fjuː] *I was there a few days ago.* *to have a few (ugs)*	wenige *Ich war vor ein paar Tagen dort.* *Alkohol trinken*
field *n* [fiːld]	Feld
fig *n* [fɪg]	Feige
fight *n, v* [faɪt] *They had to fight it out.*	Kampf, Streit, kämpfen *Sie mussten es ausfechten.*

info

Legen Sie sich einen **Karteikasten** an! Sie können die Kärtchen Stück für Stück bearbeiten und sie auch unterwegs nützen! Ein Stapel gelernter Wörter macht den Lernerfolg sichtbar.

finally *adv* ['faɪnəli] *And finally, ...* *The problem was finally solved.*	zuletzt, endlich *Und zuletzt, ...* *Das Problem wurde endlich gelöst.*
find *v* [faɪnd] *to find sb guilty/innocent*	finden *jdn für schuldig/unschuldig erklären*
flesh *n* [fleʃ] *to make sb's flesh crawl*	Fleisch *jdn ekeln*
flow *n, v* [fləʊ] *The tears flowed down her face.*	Flut, fließen *Die Tränen flossen über ihr Gesicht.*
flour *n* [flaʊər]	Mehl
foot *n* [fʊt] *to go on foot*	Fuß *zu Fuß gehen*
forbid *v* [fə'bɪd] *to forbid sb sth*	verbieten *jdm etw verbieten*
force *n, v* [fɔːs]	Kraft, zwingen

foreign

foreign *adj* [ˈfɔrɪn] | fremd

forest *n* [ˈfɔrɪst] | Wald

forgive *v* [fəˈgɪv] | vergeben
to forgive sb for sth | *jdm etw verzeihen*

former *adj* [fɔːmər] | früher, einmalig
the former Soviet Union | *die ehemalige Sowjetunion*

frame *n, v* [freɪm] | Rahmen, Gestell, einrahmen
within the frame of | *im Rahmen von*

frequently *adj* [friːkwəntlɪ] | häufig

friendly *adj* [frendlɪ] | freundlich

fright *n* [fraɪt] | Schrecken
to get a fright | *einen Schrecken bekommen*
to frighten sb | *jdn erschrecken*

front *n* [frʌnt] | Vorderseite, Fassade
the front of the house | *die Vorderseite des Hauses*
The black horse is in front. | *Das schwarze Pferd ist vorne.*

fundamental *adj* [fʌndəˈmentl] | fundamental, grundlegend
fundamental idea | *grundlegende Idee*

furniture *n* [ˈfɜnɪtʃər] | Möbel

further *adv, adj* [ˈfɜθər] | weiter
I'm tired, I can't walk any further. | *Ich bin müde, ich kann nicht weiter laufen.*
to further oneself | *sich verbessern*

future *n* [ˈfjuːtʃər] | Zukunft
Jeff is worried about his future. | *Jeff macht sich Sorgen um seine Zukunft.*
in future | *in Zukunft*

g

gadget *n* [ˈgædʒɪt] | Vorrichtung, Spielerei

gain *n, v* [geɪn] | Gewinn, erhalten, gewinnen
to gain weight | *Gewicht zunehmen*
to gain ground | *Fortschritte machen*

gesture

gallery *n* ['gælərɪ]	**Gallerie**
gallon *n* ['gæelən]	**Gallone**
gallop *v* ['gæləp]	**galoppieren**
gamble *n, v* ['gəmbl] He took a gamble and sold his shares.	**Risiko, spielen, aufs Spiel setzen** *Er riskierte es und verkaufte seine Aktien.*
game *n, adj* [geɪm] They played a game of cards. Do you have game on the menu today?	**Spiel, Wild, bereit (sein)** *Sie spielten Karten.* *Haben Sie heute Wild auf der Speisekarte?*
gang *n* [gæŋ] A gang of youths vandalised the school. gang up on sb	**Bande, Kolonne** *Eine Bande von Jugendlichen verwüstete die Schule.* *gegen jdn verschwören*
gangster *n* ['gæŋstər]	**Gangster**
gas *n* [gæs] gas-station to gas on about sth (ugs)	**Gas, Benzin** *Tankstelle* *ewig über etw reden*
garbage *n* ['gaːbɪdʒ]	**Abfall**
gather *v* ['gæðər] The committee gathered to discuss the election.	**versammeln, sammeln** *Der Ausschuss versammelte sich, um die Wahl zu diskutieren.*
general *n, adj* ['dʒenərəl]	**General, allgemein**
generate *v* ['dʒenəreɪt] to generate electricity	**erzeugen** *Strom erzeugen*
gentle *adj* ['dʒentl] He has a gentle manner.	**zart, sanft** *Er hat eine sanfte Art.*
genuine *adj* ['dʒenjʊɪn] That's a genuine Picasso. Todd seems nice, but is he genuine?	**echt, aufrichtig** *Das Gemälde ist ein echter Picasso.* *Todd scheint nett zu sein, aber ist er aufrichtig?*
geography *n* [dʒɪ'ɔgrəfɪ]	**Geografie**
germ *n* [dʒɜːm]	**Bazillus, Keim**
gesture *n* ['dʒestʃər]	**Geste**

ghetto

ghetto *n* ['getəʊ]
ghetto blaster

Getto
tragbares Radio

gift *n* [gɪft]
to be gifted at sth

Geschenk, Begabung
begabt sein

info

Vorsicht! Das englische Wort „**gift**" wird nicht mit „Gift" ins Deutsche übersetzt, sondern mit **„Geschenk"**. Das deutsche „Gift" wird mit „poison" übersetzt.

giggle *n, v* ['gɪgl]
Helen had the giggles.
The girls couldn't stop giggling.

Gekicher, kichern
Helen hat ein Lachanfall.
Die Mädchen konnten nicht aufhören zu kichern.

gipsy *n* ['dʒɪpsɪ]

Zigeuner

goal *n* [gəʊl]
His goal is to increase profits by 30%.

Peter scored an own goal.
goalkeeper

Ziel, Tor
Sein Ziel ist, den Gewinn um 30% zu steigern.
Peter schoss ein Eigentor.
Torwart

goods *pl* [gʊds]

Waren

government *n* ['gʌvnmənt]

Regierung

gradually *adv* ['grædjʊəlɪ]
The weather improved gradually.

allmählich
Das Wetter wurde allmählich besser.

grateful *adj* [greɪtfʊl]
to be grateful to sb for sth

dankbar
jdm für etw dankbar sein

grave *n, adj* [greɪv]
He is in a grave position.

Grab, ernst
Seine gesundheitliche Lage ist ernst.

grease *n, v* [griːs]
Grease the tin before adding the mixture.

Fett, schmieren
Fette die Kuchenform vor der Zugabe des Teigs ein.

great *adj* [greɪt]
He is in a great mood today.
Fay is a great athlethe.
That's great news!

groß, gut, toll, super
Er ist heute gut gelaunt.
Fay ist ein toller Athlet.
Das ist super!

greed *n* [griːd]
to have greed for sth

Gier, Geiz
Gier nach etw haben

ham

grief *n* [griːf]
  His grief was inconsolable.

Gram, Kummer
  Sein Kummer war nicht zu trösten.

group *n* [gruːp]
  blood group

Gruppe
  Blutgruppe

grumble *v* [ˈgrʌmbl]
  to grumble to sb about/over/at sth

murren
  über etw murren

guess *n, v* [ges]
  Have a guess!

Vermutung, raten, annehmen
  Rate mal!

guest *n* [gest]

Gast

guide *n, v* [gaɪd]
  tour guide
  They were guided by the light
  of the moon.

Führer, führen
  Reiseführer
  Sie wurden vom Mondlicht geführt.

guitar *n* [gɪˈtɑːr]
  to play the guitar

Gitarre
  Gitarre spielen

guy *n* [gaɪ]

Bursche, Kerl

gym *n* [dʒɪm]
  gymshoes

Turnhalle
  Turnschuhe

h

habit *n* [ˈhæbɪt]
  to have a habit of doing something
  to kick a habit

Angewohnheit
  etw zu tun pflegen
  eine Angewohnheit aufgeben

hail *n, v* [heɪl]
  hailstone
  to hail a taxi

Hagel, hageln
  Hagelkorn
  ein Taxi stoppen

half *n, adj* [hɑːf]
  They scored a goal in the first half.

  to cut sth in half
  in half an hour

Hälfte, halb
  Sie schossen ein Tor in der ersten
  Halbzeit.
  etw halbieren
  in einer halben Stunde

hall *n* [hɔːl]

Saal, Hausflur

ham *n* [hæm]

Schinken

hammer

hammer *n, v* [ˈhæmər]
to hammer at the door
to get hammered

Hammer, hämmern
sehr laut an der Tür klopfen
ein Spiel verlieren

---

hamster *n* [ˈhæmstər]

Hamster

---

handkerchief *n* [ˈhæŋkətʃɪf]

Taschentuch

---

handle *n, v* [ˈhændl]
Wash your hands after handling money.

Can you handle the situation?

Klinke, umgehen mit, meistern
Wasche die Hände nach dem Umgang mit Geld.
Kannst du die Situation meistern?

---

handsome *adj* [ˈhænsəm]

gutaussehend

---

happen *v* [ˈhæpən]
What happened?
I happened to be there when he rang.

geschehen
Was ist geschehen?
Ich war zufällig da, als er anrief.

---

hardly *adv* [ˈhɑːdlɪ]
There's hardly any time left.

kaum
Wir haben kaum noch Zeit.

---

harsh *adj* [hɑːʃ]

rauh, streng

---

harvest *n, v* [ˈhɑːvaɪst]
Corn is harvested in August.

Ernte, ernten
Mais wird im August geerntet.

---

hazard *n, v* [ˈhæzəd]
Smoking is a health hazard.
hazard lights
to hazard a guess

Risiko, riskieren, wagen
Rauchen birgt ein Gesundheitsrisiko.
Warnblinklichter
schätzen

---

hazy *adj* [ˈheɪzɪ]

dunstig

---

health *n* [helθ]
to drink sb's health

Gesundheit
auf jdn anstoßen

---

healthy *adj* [helθɪ]
to be healthy

gesund, gut
gesund sein

---

heat *n, v* [hiːt]
She can't bear the heat.
They have an outdoor heated pool.

I'll just heat up some dinner for you.

Hitze, erhitzen
Sie kann die Hitze nicht ertragen.
Sie haben draußen einen geheizten Pool.
Ich wärme das Abendessen für dich auf.

---

heaven *n* [ˈhevn]
to be in heaven
Thank heavens!

Himmel
sehr froh sein
Gott sei Dank!

husband

heel *n* [hiːl]	Ferse, Absatz
height *n* [haɪt] *What height is that building?*	Größe, Höhe *Was ist die Höhe dieses Gebäudes?*
helicopter *n* [ˈhelɪkɔptə]	Hubschrauber
hell *n, adj* [hel] *to not have a chance in hell* *The trip was hell.*	Hölle, schrecklich *keine Chance haben* *Die Reise war schrecklich.*
hero *n* [ˈhɪərəʊ]	Held
hill *n* [hɪl]	Hügel
history *n* [ˈhɪstərɪ]	Geschichte
honour *n, v* [ˈɔnər] *It's an honour to be here.* *to honour sb* *to honour a cheque*	Ehre, ehren *Es ist eine Ehre, hier zu sein.* *jdn ehren* *einen Scheck einlösen*
hope *n, v* [həʊp] *There's no hope of finding any survivors.* *I hope it doesn't rain tomorrow.*	Hoffnung, hoffen *Es gibt keine Hoffnung, Überlebende zu finden.* *Ich hoffe, dass es morgen nicht regnet.*
horrible *adj* [ˈhɔrɪbl]	schrecklich
hospital *n* [ˈhɔspɪtl]	Krankenhaus
however *adv, conj* [haʊˈevər] *He walks to work every day, however cold it is.*	allerdings, wie auch immer, egal *Er geht zu Fuß zur Arbeit, egal wie kalt es ist.*
huge *adj* [hjuːdʒ] *They have a huge house.*	riesig, groß *Sie haben ein riesiges Haus.*
human *n, adj* [ˈhjuːmən]	Mensch, menschlich
hurry *n, adj* [ˈhʌrɪ] *to be in a hurry*	Eile, sich beeilen *es eilig haben*
hurt *v, adj* [hɜːrt] *He was badly hurt in the crash.* *My head hurts.* *to hurt someone's feelings.*	verletzen, weh tun, verletzt *Er wurde in dem Unfall schwer verletzt.* *Mein Kopf tut mir weh.* *jds Gefühle verletzen*
husband *n* [ˈhʌzbənd]	Ehemann

hygiene

hygiene *n* [ˈhaɪdʒiːn]	Hygiene
hyphen *n* [ˈhaɪfən]	Bindestrich

I

idea *n* [aɪˈdɪə]
Do you have any idea when he's coming?

Idee
Hast du eine Ahnung, wann er kommt?

ideal *adj* [aɪˈdɪəl]

ideal

identical *adj* [aɪˈdentɪkəl]
identical twins

identisch
eineiige Zwillinge

identification (ID) *n* [aɪdentɪfɪˈkaɪʃən]
The policeman asked for some ID.

Identifizierung, Ausweispapiere
Der Polizist fragte nach dem Ausweis.

idiom *n* [ˈɪdɪəm]

Redewendung

ignorant *adj* [ˈɪgnərənt]

unwissend

ignore *v* [ɪgˈnɔːr]

ignorieren

image *n* [ˈɪmɪdz]

Bild

imagination *n* [ɪmædʒɪˈneɪʃən]

Fantasie, Einbildung

imagine *v* [ɪˈmædʒɪn]
Can you imagine winning the lottery?
I imagine she won't be there.

sich vorstellen, annehmen
Stell dir vor, du gewinnst im Lotto?
Ich nehme an, dass sie nicht da sein wird.

imitate *v* [ˈɪmɪteɪt]
Stefan is good at imitating others.

imitieren, nachahmen
Stefan kann Leute gut nachahmen.

immaculate *adj* [ɪˈmæjjʊlɪt]

makellos, unbefleckt

immature *adj* [ɪməˈtʊər]
Ann is very immature for her age.

unreif
Ann ist für ihr Alter sehr unreif.

immigrant *n* [ˈɪmɪgrənt]
Many Italian immigrants live in New York.

Einwanderer
Viele italienische Einwanderer wohnen in New York.

impact *n* [ˈɪmpækt]

Aufprall, Wirkung

individual

---

impossible *adj* [ɪmˈpɔsəbl]
Her behaviour is impossible.

impress *v* [ɪmˈpres]
to be impressed with/by sb/sth

impression *n* [ɪmˈpreʃən]
to make a bad/good impression
I was under the impression that ...

improve *v* [ɪmˈpruːv]
His English has improved immensly.

inappropriate *adj* [ɪnəˈprəʊprɪət]
These clothes are inappropriate.
An inappropriate comment
for a funeral.

incapable *adj* [ɪnˈkeɪpəbl]
He is incapable of doing anything right.

inch *n* [ɪntʃ]
to miss sth by inches

include *v* [ɪnˈkluːd]
We included her in the conversation.

income *n* [ˈɪnkʌm]
income tax

increase *n, v* [ˈɪnkriːs]
a significant increase in sth
to increase speed

incredible *adj* [ɪnˈkredəbl]
He can drink an incredible amount.
Jennie is an incredible dancer.

indeed *adv* [ɪnˈdiːd]

independent *adj* [ɪndɪˈpendənt]

index *n* [ˈɪndeks]
indexcard
indexfinger

individual *n, adj* [ɪndɪˈvɪdjʊəl]

---

unmöglich
Ihr Verhalten ist unmöglich.

beeindrucken
von etw/jdm beeindruckt sein

Eindruck, Abdruck, Nachahmung
einen schlechten/guten Eindruck machen
Ich hatte den Eindruck, dass ...

verbessern
Sein Englisch hat sich gewaltig verbessert.

ungeeignet, unangebracht
Diese Kleidung ist ungeeignet.
Eine unangebrachte Bemerkung für
eine Trauerfeier.

unfähig
Er ist unfähig, etwas richtig zu machen.

Zoll
etw knapp verpassen

aufnehmen, einschließen
Wir haben sie in die Konversation
eingebunden.

Einkommen
Lohnsteuer

Zunahme, zunehmen, vermehren
eine bedeutende Zunahme an etw
Geschwindigkeit erhöhen

unglaubwürdig, unglaublich
Er kann unglaublich viel trinken.
Jennie ist eine tolle Tänzerin.

tatsächlich

unabhängig

Inhaltsverzeichnis
Karteikarte
Zeigefinger

Individuum, individuell

inexpensive

inexpensive *adj* [ɪnɪksˈpensɪv]

preiswert

infant *n* [ˈɪnfənt]

Säugling

infect *v* [ɪnˈfekt]
to infect sb with sth

anstecken, infizieren
jdn mit etw anstecken

influence *n, v* [ˈɪnfluəns]
She is very much influenced
by her husband.

Einfluss, beeinflussen
Sie wird von ihrem Mann beeinflusst.

initial *adj* [ɪˈnɪʃəl]
My initial response was "no".

anfänglich
Meine erste Anwort war „Nein".

inner *adj* [ˈɪnər]
inner city

innere(-r, -s)
Innenstadt

instant *n, adj* [ˈɪnstənt]
He was back in an instant.
instant coffee

Augenblick, sofort
Er war einen Augenblick später zurück.
Pulverkaffee

instead *adv, prep* [ɪnˈsted]
Would you like butter instead
of margarine?

stattdessen, anstatt
Willst du Butter anstatt Margarine?

insult *n, v* [ˈɪnsʌlt]

Beleidigung, beleidigen

insurance *n* [ɪnˈʃuərəns]
It's illegal to drive without insurance.

Versicherung
Autofahren ohne Versicherung ist illegal.

intelligent *adj* [ɪnˈtelɪdʒənt]

intelligent

interior *adj* [ɪnˈtɪərɪər]
Kathy is an interior designer.

Innen-
Kathy ist Innenarchitektin.

involve *v* [ɪnˈvɔlv]
The new project involved a lot of
overtime.

verwickeln, mit sich bringen
Das neue Projekt brachte viel Arbeit
mit sich.

item *n* [ˈaɪtəm]

Gegenstand

j

jackpot *n* [ˈdʒækɔt]
to hit the jackpot

Haupttreffer
viel Geld gewinnen, großen Erfolg haben

joke

jaded *adj* ['dʒeɪdɪd] to look jaded	**ermattet** *fertig aussehen*
jargon *n* [dʒ'aːʒɔŋ]	**Fachsprache**
jaw *n, v* [dʒɔː] His jaw was broken in a fight. to jaw about sb/sth	**Kiefer, klatschen** *Er brach sich den Kiefer in einem Kampf.* *über etw plaudern*
jealous *adj* ['dʒeləs] to be jealous of sb/sth	**eifersüchtig** *eifersüchtig sein*
jeans *n* [dʒiːn]	**Jeans**
jeep *n* [dʒ'iːp]	**Jeep**
jeer *v* [dʒɪər] The crowd jeered.	**höhnisch lachen** *Die Menge lachte höhnisch.*

> ### info
> Überprüfen Sie die Aussprache des „th"! Üben Sie mit folgendem Zungenbrecher:
> "The thunderstorm sounds threatening and thrilling!"

Jew *n* [dʒuː]	**Jude**
jiff *n* ['dʒɪf] I'll be there in a jiffy.	**Augenblick** *Ich bin sofort da.*
job *n* [dʒɔb] It's not my job! to be out of a job	**Job, Aufgabe** *Es ist nicht meine Aufgabe!* *arbeitslos sein*
jobless *adj* [dʒɔbles]	**arbeitslos**
join *v* [dʒɔɪn] to join the majority. Cole joined the scouts. to join up	**verbinden, beitreten** *sich der Mehrheit anschließen* *Cole ist den Pfadfindern beigetreten.* *in die Armee gehen*
joint *n, adj* [dʒɔɪnt] a joint bank account	**Gelenk, gemeinsam** *ein gemeinsames Konto*
joke *n, v* [dʒəʊk] Do you know any good jokes? to crack a joke You must be joking!	**Witz, Witze machen** *Kennst du einige gute Witze?* *einen Witz reißen* *Das darf nicht wahr sein!*

jolly

jolly *adj, adv* ['dʒɒlɪ]
Dylan is a jolly good cook.

lustig, sehr
Dylan ist ein sehr guter Koch.

jolt *n* [dʒəʊlt]

Schock, Stoß

journey *n, v* [dʒɛːnɪ]
They journeyed across Asia.

Reise, reisen
Sie reisten durch Asien.

joy *n* [dʒɔɪ]

Freude

joyride *n* [dʒɔraɪd]

Schwarzfahrt

judge *n, v* [dʒʌdʒ]
The judge sentenced him to five years.

I judged her to be about 35.

Richter, Kenner, einschätzen
Der Richter verurteilte ihn zu fünf Jahren Freiheitsstrafe.
Ich habe sie auf 35 geschätzt.

judgement *n* [dʒʌdʒmənt]

Urteil

judo *n* ['dʒuːdəʊ]

Judo

juggle *v* ['dʒʌgl]
He learned to juggle in the circus.

jonglieren
Er lernte im Zirkus das Jonglieren.

jukebox *n* [dʒuːkbɔks]

Musikautomat

jumper *n* ['dʒʌmpər]

Pullover

jumpy *adj* ['dʒʌmpɪ]
to be jumpy

nervös
nervös sein

junction *n* ['dʒʌŋkʃən]

Kreuzung

jungle *n* ['dʒʌŋgl]

Dschungel

justice *n* ['dʒʌstɪs]
to bring sb to justice

Gerechtigkeit
jdn vor Gericht bringen

justifiable *adj* [dʒʌstɪfaɪəbl]

berechtigt

k

keen *adj* [kiːn]
to be keen on sb (ugs)
to have keen eyesight
a keen mind

scharf, stark, begeistert
auf jdn scharf sein
gute Augen haben
ein scharfer Verstand

kitten

kennel *n* ['kenl]	**Hundehütte**
kerb *n* ['kɜb] *kerbstone*	**Bordkante** *Bordstein*
kerosene *n* ['kerəsiːn]	**Kerosin**
kick *v* [kɪk] *to do sth for kicks* *to kick the bucket (ugs)* *kick-off (soccer)*	**jdm bzw. etw einen Fußtritt geben** *etw aus Jux machen* *ins Gras beißen* *Anstoß*
kidnap *v* ['kɪdnæp]	**entführen**
kidnapper *n* ['kɪdnæpr] *The kidnappers demanded a ransom of $50 Mio.*	**Entführer** *Die Entführer haben 50 Mio $ Lösegeld gefordert.*
kidney *n* ['kɪdnɪ]	**Niere**
kill *n, v* [kɪl] *My stomach is killing me.* *to be dressed to kill*	**Beute, töten, umbringen** *Mein Magen tut mir weh.* *aufgedonnert sein, toll gekleidet sein*
kilt *n* [kɪlt]	**Schottenrock**
kingdom *n* [kɪŋdəm] *The British love their Kingdom.*	**Königreich** *Die Briten lieben ihr Königreich.*
kinky *adj, adv* ['kɪnkɪ]	**verrückt, abartig**
kiosk *n* ['kiːɔsk] *I'm looking for a kiosk.*	**Telefonhäuschen, Kiosk** *Ich suche ein Telefonhäuschen.*
kip *n* [kɪp] *to have a kip/ to get some kip*	**Schlaf** *ein Nickerchen machen*
kit *n* [kɪt] *to kit up*	**Ausrüstung, Werkzeug** *ausrüsten, ausstaffieren*
kitchen *n* ['kɪtʃɪn] *kitchen sink*	**Küche** *Spülbecken*
kite *n* [kaɪt] *Go fly a kite!*	**Drachen** *Hau ab!*
kitten *n* ['kɪtn]	**Kätzchen**

knight

knight *n* [naɪt]

Ritter, Springer (Schach)

knit *v* [nɪt]
  She knitted a scarf for her godchild.
  to knit one's brows

stricken
  Sie strickte einen Schal für ihr Patenkind.
  die Stirn runzeln

knock *n*, *v* [nɔk]
  There's someone knocking at the door.
  He's always knocking her work.
  Knock it off!
  to knock sth over

Klopf, klopfen, schlagen
  Jemand klopft an der Tür.
  Er macht ständig ihre Arbeit herunter.
  Schluß damit!
  etw umwerfen

info

Haben Sie keine Angst, Fehler zu machen! Sprechen ist die beste Übung!
Also, nicht nervös sein und möglichst viel reden!

knot *n*, *v* [nɔt]
  She knotted the ropes together.

Knoten, verknoten
  Sie knotete die Seile zusammen.

knowledge *n* [ˈnɔlɪdʒ]
  sth is common knowledge
  He took money out of my bank
  account without my knowledge.

Wissen
  etw ist allgemein bekannt
  Er hob ohne mein Wissen Geld
  von meinem Konto ab.

knuckle *n* [ˈnʌkl]
  She knuckled down to work.

Fingerknöchel
  Sie fing an, hart zu arbeiten.

laboratory [ləˈbɔːrətrɪ]

Laboratorium

labour *n*, *v* [ˈleɪbər]
  skilled labour

Arbeit, sich abmühen
  geschulte Arbeitskraft

lace *n* [leɪs]
  shoelace

Spitze (Material)
  Schnürsenkel

lack *n*, *v* [læk]
  a lack of sth
  George lacks courage.
  for lack of

Mangel, fehlen, nicht haben
  ein Mangel an etw
  George hat keinen Mut.
  aus Mangel an

lad *n* [læd]

Junge

lead

lady *n* [ˈleɪdɪ] — **Dame**

lager *n* [ˈlɑːgər] — **helles Bier**

lame *adj* [leɪm] — **lahm**
My dog is lame in one leg. — Mein Hund lahmt auf einem Bein.
a lame excuse — eine schwache Ausrede

landscape *n* [ˈlændskeɪp] — **Landschaft**

lane *n* [leɪn] — **Gasse, Spur**
to change lanes — die Spur wechseln

lap *n, v* [læp] — **Schoß, Runde (Sport), auflecken**
The baby sat on her lap. — Das Baby saß auf ihrem Schoß.
Only one lap to go! — Nur eine Runde noch!
lap of honour — Ehrenrunde
The cat lapped up the milk. — Die Katze leckte die Milch auf.

later *adj* [ˈleɪtər] — **später**
Anton is coming over later. — Anton kommt später vorbei.

launder *v* [ˈlɔːndər] — **waschen**
to launder money — Geld waschen

laundry *n* [ˈlɔːndrɪ] — **Wäsche**

law *n* [lɔː] — **Gesetz, Recht**
to study law — Jura studieren
to break/be outside the law — gegen das Gesetz verstoßen
lawsuit — Prozess

lawn *n* [lɔːn] — **Rasen**
to mow the lawn — Rasen mähen

lawyer *n* [ˈlɔːjər] — **Rechtsanwalt**

layer *n, v* [ˈleɪər] — **Schicht, schichten**
The table was covered in a layer of dust. — Der Tisch war mit einer Staubschicht bedeckt.
carpet layer — Teppichleger

lazy *adj* [ˈleɪzɪ] — **faul**
a lazy-bones — ein fauler Hund, Faulpelz

lead *n, v* [liːd] — **Führung, Vorsprung, führen**
to lead sb astray — jdn irreführen
Schumacher has a lead of 2 laps. — Schumacher hat einen Vorsprung von 2 Runden.

leader

to lead a group/revolution/army etc. — *eine Gruppe/Revolution/Armee führen*
to lead the way — *vorangehen*

leader *n* [liːdər] — **Führer, Vorsitzender, Leiter**
to be the leader of a group — *Vorsitzender einer Gruppe sein*

learn *v* [lɜn] — **lernen**
to learn from sth — *von etw lernen*
to learn sth off — *etw auswendig lernen*

leather *n* [ˈleðər] — **Leder**

legal *adj* [ˈliːgəl] — **legal, gesetzlich**
to take legal action — *jdn anklagen*
legal tender — *gesetzliche Zahlungsmittel*

length *n* [leŋθ] — **Länge**
I don't like his hair at that length. — *Ich mag seine Haare nicht in dieser Länge.*
at length — *nach einer langen Zeit*

less *adv* [les] — **weniger**
Fred should work less. — *Fred sollte weniger arbeiten.*
less and less — *immer weniger*
more or less — *mehr oder weniger*

lethal *adj* [ˈliːθəl] — **tödlich**

liar *n* [ˈlaɪər] — **Lügner**
a bad liar — *ein schlechter Lügner*

library *n* [ˈlaɪbrərɪ] — **Bibliothek**

license *n* [ˈlaɪsəns] — **Erlaubnis**
driving license — *Führerschein*
license plate — *Nummernschild*

likely *adj* [ˈlaɪklɪ] — **wahrscheinlich**
It's likely to snow tonight. — *Es schneit wahrscheinlich heute Nacht.*

line *n* [laɪn] — **Linie, Reihe, Schlange**
to wait in line — *in einer Schlange (an)stehen*

liquid *n, adj* [ˈlɪkwɪd] — **Flüssigkeit, flüssig**
liquid waste — *Abwasser*

list *n, v* [lɪst] — **Liste, aufzählen**
She made a list of things to do. — *Sie machte eine Liste der zu erledigenden Dinge.*

maintain

Telephone numbers are listed alphabetically by name. | *Telefonnummern werden alphabetisch nach Namen aufgelistet.*

literature *n* ['lɪtrətʃər]
Literatur

local *adj* ['ləʊkəl]
local government
local pub
local time

lokal, ortsansässig
Kreisverwaltung
Stammkneipe
Ortszeit

locate *v* [ləʊ'keɪt]
The police are trying to locate the missing child.
The office is located in Manhatten.

finden, gelegen
Die Polizei versucht, das vermisste Kind zu finden.
Das Büro befindet sich in Manhatten.

location *n* [ləʊ'keɪʃən]
Standort

lock *n*, *v* [lɔk]
Did you remember to lock the door?
to be under lock and key

Schloss, schließen
Hast du daran gedacht, die Tür zu schließen.
im Gefängnis sein

loss *n* [lɔs]
to sell sth at a loss

Verlust
etw mit Verlust verkaufen

lot *n* [lɔt]
a lot of sth
parking lot

Haufen, Menge
viele
Parkhaus

lukewarm *adj* ['luːkwɔːm]
lukewarm-water
The response to her speech was lukewarm.

lauwarm, lau, zurückhaltend
lauwarmes Wasser
Ihre Rede rief zurückhaltende Reaktionen hervor.

lullaby *n* ['lʌləbaɪ]
Schlaflied

lung *n* [lʌŋ]
Lunge

luxury *n* ['lʌkʃərɪ]
to live in luxury

Luxus
in Luxus leben

m

magazine *n* ['mægəziːn]
Zeitschrift

maintain *v* [meɪn'teɪn]
The roads in Germany are well maintained.

behaupten, in Stand halten
Deutschlands Straßen werden gut in Stand gehalten.

majority

majority *n* [mə'dʒɒrɪtɪ]
He was elected by a majority of 40 votes.

Mehrheit
Er wurde mit einen Mehrheit von 40 Stimmen gewählt.

manner *n* ['mænər]
I don't like his manner.
in a manner of speaking
manners

Art
Ich mag sein Art nicht.
sozusagen
Manieren

march *v* [mɑːtʃ]

marschieren

mark *n, v* [mɑːk]
a dirty mark on sth

Fleck, markieren
ein Fleck auf etw

market *n* [mɑːkɪt]
to be on the market
product marketing
market research

Markt
käuflich, erhältlich sein
Marketing
Marktforschung

marriage *n* ['mærɪdʒ]
His first marriage lasted only one year.

Ehe
Seine erste Ehe dauerte bloß ein Jahr.

mass *n* [mæs]

Masse, Messe (Kirche)

material *n* [mə'tɪərɪəl]
She bought some material to make a dress.
raw materials

Material, Stoff, materiell
Sie kaufte Stoff, um ein Kleid zu fertigen.
Rohstoffe

matter *n* ['mætər]
We have some matters to discuss.

It doesn't matter.
What's the matter with Louis?

Angelegenheit
Einige Angelegenheiten sind zu besprechen.
Es macht nichts.
Was ist mit Louis los?

maximum *n* ['mæksɪməm]
This bus can hold a maximum of 70 people.

Maximum
Dieser Bus hat eine Kapazität von maximal 70 Personen.

may *v* [meɪ]
May I use your phone please?

dürfen, können
Dürfte ich bitte dein Telefon benutzen?

maybe *adv* [meɪbiː]
Maybe we'll win tomorrow.

vielleicht
Vielleicht gewinnen wir morgen.

meadow *n* ['medəʊ]

Wiese

meaning *n* ['miːnɪŋ]
This word has several different meanings.

Bedeutung
Das Wort hat verschiedene Bedeutungen.

mock

meanwhile *adv* [ˈmiːnˈwaɪl]

inzwischen

measure *n, v* [ˈmeʒər]
He measured the table.
to take measures against sth

Maß, Maßnahme, messen
Er maß den Tisch aus.
Maßnahmen gegen etw unternehmen

member *n* [ˈmembər]
membership

Mitglied, Angehörige(r)
Mitgliedschaft

memory *n* [ˈmeməri]
She has a good memory.
He has many happy memories of his childhood.

Gedächtnis, Erinnerung
Sie hat ein gutes Gedächtnis.
Er hat viele glückliche Erinnerungen an seine Kindheit.

mention *v* [ˈmenʃən]
Did he mention her name?
Don't mention it!

erwähnen
Hat er ihren Namen erwähnt?
Gern geschehen!

merely *adj* [ˈmɪəli]

bloß

message *n* [ˈmesɪdʒ]
He left a message on the mailbox.
to get the message

Nachricht, Mitteilung
Er hinterließ eine Nachricht auf Band.
kapieren, verstehen

method *n* [ˈmeθəd]

Methode

mile *n* [maɪl]
mileage

Meile
zurückgelegte Strecke in Meilen

mind *n, v* [maɪnd]

He's lost his mind.
We are of the same mind.
Can you mind the baby?
to make up one's mind

Verstand, Meinung, sich kümmern
Er hat den Verstand verloren.
Wir sind der gleichen Meinung.
Kannst du auf das Kind aufpassen?
sich entscheiden

minimum *adj* [mɪnɪməm]

Minimum

mirror *n, v* [mɪrər]
to look at oneself in the mirror

Spiegel, widerspiegeln
sich im Spiegel anschauen

miss *v* [mɪs]
to miss a bus/train etc.
He misses his son a lot.

verpassen, vermissen, fehlen
den Bus/Zug etc. verpassen
Sein Sohn fehlt ihm sehr.

mix *v* [mɪks]
to be mixed up

mischen
durcheinander sein

mock *v* [mɔk]

verspotten

modern

modern *adj* ['mɔdən] | modern

motion *n, v* ['məʊʃən] | Bewegung, Antrag, winken
motion sickness | Seekrankheit
He motioned to her to come in. | Er winkte ihr zu, sie solle hereinkommen.

motor *n* ['məʊtər] | Motor
motorist | Autofahrer
motorway | Autobahn

murder *n, v* ['mɜdər] | Mord, ermorden
He was found guilty of murder. | Er wurde des Mordes für schuldig befunden.
She murdered her neighbour. | Sie hat ihren Nachbarn ermordet.

music *n* ['mjuːzɪk] | Musik

mutter *v* ['mʌtər] | murmeln

mystery *n* ['mɪstəri] | Geheimnis, Rätsel
Bill is a mystery to me. | Bill ist mir ein Rätsel.
mystery story | Kriminalgeschichte

n

nag *n, v* [næg] | Gaul, Nörgler, herumnörgeln
to nag (at) sb | an jdm herumnörgeln

naive *adj* [naɪ'iːv] | naiv

naked *adj* ['neɪkɪd] | nackt
the naked eye | das bloße Auge

nap *n* [næp] | Nickerchen
to take/have/go for a nap | ein Nickerchen machen

nation *n* ['neɪʃən] | Nation, Volk
nationality | Staatsangehörigkeit
nation-wide | landesweit

native *n, adj* ['neɪtɪv] | Einheimische(r), einheimisch
He's a native of Ireland. | Er ist ein gebürtiger Ire.
Keith is a native speaker of English. | Keith hat Englisch als Muttersprache.
native country | Vaterland

natural *adj* ['nætʃrəl] | natürlich, angeboren
to be a natural athlete | ein Naturtalent in Sport

nick

naughty *adj* ['nɔːtɪ]	ungezogen
nausea *n* ['nɔːsɪə]	Übelkeit
navel *n* ['neɪvəl]	Nabel
to have one's navel pierced	ein Nabel-Piercing haben
navy *n, adj* ['neɪvɪ]	Marine, marine-
navy-blue	marineblau
neat *adj* ['niːt]	ordentlich
She is very neat.	Sie ist sehr ordentlich.
a neat whisky	ein Whisky pur

> **info**
>
> Setzen Sie sich mit den Texten Ihrer englischen Lieblingssänger auseinander. Bei vielen Künstlern sind die Liedtexte der CD beigefügt. Das Mitsingen ist eine sehr gute Übung.

necessary *adj* ['nesɪsərɪ]	notwendig
neglect *n, v* [nɪ'glekt]	Vernachlässigung, vernachlässigen
to neglect one's appearance/ children etc.	sein Äußeres/die eigenen Kinder etc. vernachlässigen
neighbourhood *n* ['neɪbəhʊd]	Nachbarschaft
They live in a rich neighbourhood.	Sie wohnen in einer reichen Nachbarschaft.
nephew *n* ['nefjuː]	Neffe
nettle *n, v* ['netl]	Nessel, ärgern
to nettle sb	jdn irritieren/ärgern
neutral *adj* ['njuːtrəl]	neutral
Switzerland is often neutral.	Die Schweiz ist oft neutral.
to change into neutral gear	in den Leerlauf schalten
nevertheless *adv* [nevəðə'les]	trotzdem
nibble *v* ['nɪbl]	knabbern
to nibble at sth	an etw knabbern
nick *v* [nɪk]	sich schneiden, klauen
He nicked himself while shaving.	Er hat sich beim Rasieren geschnitten.
to nick sth	etw klauen
to be in good nick	gesund sein

nickname

nickname *n* ['nɪkneɪm] — Spitzname

niece *n* [niːs] — Nichte

nightmare *n* ['naɪtmɛər] — Alptraum

nil *n* [nɪl] — Null
They won the match two nil.
Sie gewannen das Spiel 2 : 0.

nimble *adj* ['nɪmbl] — beweglich

nippy *adj* ['nɪpɪ] — kalt

nod *v* [nɔd] — nicken
to nod off
einschlafen

none *pron* [nʌn] — kein
I wanted some coke but there's none left.
Ich wollte eine Cola, aber es gibt keine mehr.

noodles *n* ['nuːdlz] — Nudeln

nonsense *n* ['nɔnsəns] — Unsinn

normal *adj* ['nɔːməl] — normal

nosy *adj* ['nauzɪ] — neugierig
Lydia is unbelievably nosy.
Lydia ist unglaublich neugierig.

note *n* [nəʊt] — Notiz
He took notes during the lecture.
Er machte während der Vorlesung Notizen.

notice *n, v* ['nəʊtɪs] — Mitteilung, bemerken
Did you notice anything unusual?
He put a notice in the paper.
Hast du was Ungewöhnliches bemerkt?
Er inserierte in der Zeitung.

novel *n* ['nɔvəl] — Roman
Charles Dickens's "Oliver Twist" is my favourite novel.
„Oliver Twist" von Charles Dickens ist mein Lieblingsroman.

nuisance *n* ['njuːsns] — Ärgernis
What a nuisance!
Wie ärgerlich!

nun *n* [nʌn] — Nonne

nutrition *n* ['njuːtrɪʃən] — Nahrung

nylon *n* ['naɪlɔn] — Nylon

O

oar *n* [ɔːər]
to stick one's oar in

Ruder
unerwünschte Ratschläge geben

obedient *adj* [ə'biːdɪənt]
Our dog is not very obedient.

gehorsam
Unser Hund ist nicht sehr gehorsam.

obesity *n* [əʊ'biːsɪtɪ]

Fettleibigkeit

object *n* ['ɔbdʒɪkt]
to object to sth

Gegenstand, Ziel
gegen etw protestieren

observe *v* [əb'zɜv]

beobachten

obtain *v* [əb'teɪn]
Where can I obtain the latest CDs?

erhalten
Wo erhalte ich die neuesten CDs?

obstinate *adj* ['ɔbstɪnət]

hartnäckig

obvious *adj* ['ɔbvɪəs]
It was obvious that he was lying.

offensichtlich, offenbar
Es war offensichtlich, dass er lügt.

occasion *n* [ə'keɪʒn]

Gelegenheit, Anlass

occupation *n* [ɔkjʊ'peɪʃən]
an occupational hazard

Beruf
Berufsrisiko

occur *v* [ə'kɜr]
When did the accident occur?
It occured to me that ...

passieren
Wann passierte der Unfall?
Es ist mir eingefallen, dass ...

ocean *n* ['əʊʃən]

Ozean

odd *adj* [ɔd]
to be at odds with sb
to be the odd one out
Seven is an odd number.

komisch, ungerade
mit jdm uneinig sein
das fünfte Rad am Wagen sein
Sieben ist eine ungerade Zahl.

odour *n* ['əʊdər]

Geruch

offer *n, v* ['ɔfər]
She offered us a drink.

Angebot, anbieten
Sie hat uns einen Drink angeboten.

officer *n* ['ɔfɪsər]

Offizier

official *adj, n* [ə'fɪʃəl]

offiziell, amtlich, Beamte(r)

ointment

ointment *n* [ˈɔɪntmənt]	Salbe
omelette *n* [ˈɒmlət] I'll have a cheese omelette please.	Omelette *Ich bekomme bitte ein Käseomelette.*
omit *v* [əʊˈmɪt]	auslassen
opera *n* [ˈɒpərə]	Oper
opinion *n* [əˈpɪnjən] to have a high opinion of sb	Meinung *jdn respektieren*
opponent *n* [əˈpəʊnənt]	Gegner
opportunity *n* [ɒpəˈtjuːnɪtɪ]	Gelegenheit
oppose *v* [əˈpəʊz] to oppose a plan/scheme/proposal	entgegentreten *einem Plan/Vorschlag entgegentreten*
opposite *n, prep, adv* [ˈɒpəzɪt] The opposite of big is small. Their house is opposite the school.	Gegenteil, gegenüber *Das Gegenteil von groß ist klein.* *Ihre Haus ist gegenüber der Schule.*
oppress *v* [əˈpres]	unterdrücken, schikanieren, tyrannisieren
orchard *n* [ˈɔːtʃəd]	Obstgarten
orchestra *n* [ˈɔːkɪstrə]	Orchester
order *n, v* [ˈɔːdər] The soldiers were ordered to fire. I ordered a salad.	Reihenfolge, befehlen, bestellen *Den Soldaten wurde befohlen, zu schießen.* *Ich habe einen Salat bestellt.*
organisation *n* [ɔːgənaɪˈzeɪʃən]	Organisation
original *adj* [əˈrɪdʒɪnl] The Aborigines were the original inhabitants of Australia.	ursprünglich, original *Die Aborigines sind die Ureinwohner Australiens.*
ornament *n* [ˈɔːnəmənt]	Schmuck, Nippesfigur
orphan *n* [ˈɔːfən]	Waisenkind
ought *v* [ɔːt] You ought to call your father.	sollen *Du sollst deinen Vater anrufen.*
ounce *n* [aʊns]	Unze

pattern

out-patient *n* [ˈaʊtpeɪʃnt] — ambulanter Patient

outskirts *n* [ˈaʊtskɜts] — Stadtrand
They live on the outskirts of L. A. — Sie wohnen am Stadtrand von L. A.

overbearing *adj* [əʊvəˈbeərɪŋ] — aufdringlich

overdose *n, v* [ˈəʊvədəʊs] — Überdosis, überdosieren
The junkie overdosed on heroin. — Der Drogensüchtige spritzte sich eine Überdosis Heroin.

oxygen *n* [ˈɔksɪdʒən] — Sauerstoff

oyster *n* [ˈɔɪstər] — Auster

p

pain *n* [peɪn] — Schmerz
to be in pain — Schmerzen haben
to be on pain-killers — Schmerzmittel nehmen

painting *n* [peɪntɪŋ] — Gemälde

pair *n* [peər] — Paar
a pair of shoes/gloves — ein Paar Schuhe/Handschuhe
to pair sb off with sb — jdn mit jdm verkuppeln

pale *adj* [peɪl] — bleich
She turned pale at the news. — Sie wurde bleich, als sie die Nachricht hörte.

parents *pl* [ˈpeərənts] — Eltern

park *n, v* [pɑːk] — Park, parken
The children played in the park. — Die Kinder spielten im Park.
She parked in front of the store. — Sie parkte vor dem Geschäft.

particular *adj* [pəˈtɪkjʊlər] — bestimmt, genau, besonders
for no particular reason — aus keinem bestimmten Grund
Kevin is a particular friend of mine. — Kevin ist ein besonderer Freund von mir.

patient *n, adj* [ˈpeɪʃnt] — Patient, geduldig
Please be patient! — Bitte sei geduldig!

pattern *n* [ˈpætən] — Muster

payment

payment *n* [ˈpeɪmənt]
monthly payment

Zahlung
monatliche Rate

peace *n* [piːs]

Frieden

performance *n* [pəˈfɔːməns]

Leistung, Vorstellung

plan *n, v* [plæn]
Things are going according to plan.
We are planning a trip to Brighton.

Plan, planen
Alles läuft planmäßig.
Wir planen eine Reise nach Brighton.

plant *n, v* [plɑːnt]
Can you water the plants?
They planted some flowers in the garden.

Pflanze, pflanzen
Kannst du die Pflanzen gießen?
Sie pflanzten ein paar Blumen im Garten.

pleasure *n* [ˈpleʒər]
It was a pleasure to meet you.

to do sth with pleasure

Vergnügen, Freude
Es war ein Vergnügen, dich kennen zu lernen.
etw mit Freude machen

info

Wenn sie Ihren Urlaub in einem englischsprachigen Land verbringen, sollten Sie immer Block und Stift bei sich haben. So können Sie schnell neue Wörter notieren und später nachschlagen.

plenty *adj, adv* [ˈplentɪ]
There's plenty of pudding for everyone.

genug, viel
Es gibt genug Pudding für jeden.

point *n, v* [pɔɪnt]
He pointed at the man.
to get to the point
to have a point of view on sth
sth is pointless

Punkt, zeigen
Er zeigte auf den Mann.
zur Sache kommen
eine Meinung über etw haben
etw ist zwecklos

police *n, v* [pəˈliːs]

to police an area
police station

Polizei, kontrollieren, überwachen
ein Gegend überwachen
Polizeiwache

pool *n, v* [puːl]

We pooled together to buy Sally a present.

Schwimmbad, Lache, zusammenlegen
Wir legten unser Geld zusammen, um ein Geschenk für Sally zu kaufen.

popular *adj* [ˈpɔpjʊlə]
Smith is a popular surname in England.

beliebt, üblich
Smith ist in England ein häufiger Familienname.

protection

population *n* [pɔpjʊleɪʃən] — Bevölkerung

portion *n* [ˈpɔːʃən] — Teil

position *n, v* [pəˈzɪʃən] — Stelle, Lage, aufstellen
She applied for the position of manager.
Sie bewarb sich für die Stelle als Manager.

power *n* [paʊər] — Macht, Kraft, Fähigkeit
to be in power — an der Macht sein
power station — Kraftwerk
power failure — Stromausfall
the power of speech — die Fähigkeit zu sprechen

powerful *adj* [paʊəfl] — mächtig

practice *n, v* [ˈpræktɪs] — Übung, Praxis, üben
to be out of practice — aus der Übung sein

prepare v [priˈpeə] — vorbereiten
to be prepared for sth — bereit sein für etw

president *n* [ˈprezɪdənt] — Präsident

pressure *n* [preʃər] — Druck
to put sb under pressure — jdn unter Druck setzen

prevent *v* [prɪˈvent] — vorbeugen
to prevent sb from doing sth — jdn daran hindern, etw zu tun

previous *adj* [ˈpriːvɪəs] — früher, vorherig
She had met him on a previous occasion.
Sie hatte ihn schon bei einem früheren Anlass getroffen.

the previous day — der vorherige Tag

problem *n* [ˈprɔbləm] — Problem

product *n* [ˈprɔdʌkt] — Produkt

progress *n, v* [ˈprəʊgres] — Fortschritt, fortschreiten
in progress — im Gange

promise *n, v* [ˈprɔmɪs] — Versprechen, versprechen
He promised me he wouldn't forget.
Er hat mir versprochen, er würde es nicht vergessen.

property *n* [ˈprɔpəti] — Eigentum

protection *n* [prəˈtekʃən] — Schutz

proud

proud *adj* [praʊd] — stolz, arrogant
to be proud of sth — *stolz auf jdn/etw sein*

prove *v* [pruːv] — beweisen

provide *v* [prəˈvaɪd] — versehen, besorgen
to provide for sb — *für jdn sorgen*
provided that — *vorausgesetzt, dass*

publish *v* [ˈpʌblɪʃ] — veröffentlichen

pure *adj* [pjʊər] — rein

purpose *n* [ˈpɜpəs] — Ziel, Zweck, Absicht
to do sth on purpose — *etw absichtlich machen*

purse *n* [pɜs] — Portmonnee

q

quantity *n* [ˈkwɔntɪtɪ] — Menge
quantity discount — *Mengenrabatt*

queasy *adj* [ˈkwiːzi] — empfindlich

queer *adj* [kwɪər] — seltsam
sb is queer (ugs) — *jmd ist homosexuell*

quench *v* [kwentʃ] — löschen
It took three hours to quench the flames. — *Es hat drei Stunden gedauert, die Flammen zu löschen.*

queue *n, v* [kjuː] — Schlange, Schlange stehen
to queue for five hours — *fünf Stunden Schlange stehen*

quilt *n* [kwɪlt] — Steppdecke

quit *v* [kwɪt] — aufhören
He quit smoking three years ago. — *Er hat vor drei Jahren mit dem Rauchen aufgehört.*

quite *adv* [kwaɪt] — ganz, ziemlich
Her English is quite good. — *Ihr Englisch ist ziemlich gut.*

quiver *v* [ˈkwɪvər] — zittern, beben
to quiver with rage — *beben vor Wut*

record

quote v [kwəʊt]
to quote sb

zitieren
jdn zitieren

r

race n [reɪs]
He completed the race in record time.

Rasse, Rennen
Er rannte in Rekordzeit.

racist n, adj [reɪsɪst]
to be a racist
a racist remark

Rassist, rassistisch
ein Rassist sein
eine rassistische Bemerkung

raise n, v [reɪz]

Kelly was raised by her grandmother.

Gehaltserhöhung, erhöhen, heben, großziehen
Kelly ist von ihrer Oma großgezogen worden.

rapid adj ['ræpɪd]

rasch, schnell

raw adj [rɔː]

roh

react v [riːækt]
to react to sb/sth

reagieren
auf jdn/etw reagieren

real adj [rɪəl]
The diamond was obviously not real.

wirklich, echt
Der Diamant war eindeutig nicht echt.

reality n [riːˈælɪtɪ]
in reality

Wirklichkeit
in Wirklichkeit

realise v [ˈrɪəlaɪz]
He realised that he had no money on him.

erkennen
Er hat erkannt, dass er kein Geld dabei hatte.

reasonable adj [ˈriːznəbl]
a reasonable price

vernünftig
ein fairer Preis

receive v [rɪˈsiːv]
She received a letter.

erhalten, bekommen
Sie bekam einen Brief.

recently adv [ˈriːsntlɪ]
They got married recently.

kürzlich, neulich
Sie heirateten kürzlich.

record n [ˈrekɔːd] v [rɪˈkɔːd]
This is my favourite TV show.
I will record it.

Schallplatte, aufnehmen
Das ist meine Lieblingssendung.
Ich werde sie aufzeichnen.

recover

recover v [rɪˈkʌvər]
The stolen goods were never recovered.

sich erholen, zurück erhalten
Die gestohlenen Waren sind nie wieder aufgetaucht.

refrigerator n [rɪˈfrɪdʒəreɪtər]

Kühlschrank

refuse n [ˈrefjuːs] v [rɪˈfjuːz]
The refuse is collected on Mondays.
to refuse to do sth

Abfall, sich weigern
Der Abfall wird montags abgeholt.
sich weigern, etw zu machen

regret n, v [rɪˈgret]
to have no regrets
Don't do it, you'll regret it later.

Bedauern, bedauern, bereuen
kein Bedauern empfinden
Tu es nicht, du bereust es später.

regular adj [ˈregjʊlər]
a regular client
He goes to the gym regularly.

regelmäßig, üblich
Stammkunde
Er geht regelmäßig ins Fitnessstudio.

relation n [rɪˈleɪʃən]
Is she any relation to you?
in relation to sth

Verwandte, Beziehung
Ist sie mit dir verwandt?
bezüglich

relief n [rɪˈliːf]
It was a relief to at last get home.

Erleichterung
Es war eine Erleichterung, endlich nach Hause zu kommen.

religion n [rɪˈlɪdʒən]
to practise one's religion

Religion
die eigene Religion praktizieren

remote adj [rɪˈməʊt]
remote control
He lives in a remote village.

abgelegen
Fernbedienung
Er lebt in einem abgelegenen Dorf.

remove v [rɪˈmuːv]
He removed the leaves from the footpath.

entfernen, beseitigen
Er entfernte die Blätter vom Gehsteig.

repair n, v [rɪˈpɛər]
in good/bad repair

Reparatur, reparieren
in gutem/schlechtem Zustand

repeat n, v [rɪˈpiːt]
Joe had to repeat the exam.

Wiederholung, wiederholen
Joe musste die Prüfung wiederholen.

request n, v [rɪˈkwest]
to make a request
to request sth of/from sb

Bitte, erbitten
eine Bitte stellen
jdn um etw bitten

require v [rɪˈkwaɪər]
All passengers are required to wear seat belts.

brauchen, erfordern
Alle Passagiere müssen die Sicherheitsgurte anlegen.

rumour

research *n, v* [rɪˈsɜːtʃ]
to conduct research on/into sth

Forschung, forschen
auf einem Gebiet Forschung betreiben

responsible *adj* [rɪsˈpɒnsəbl]
to be responsible for sb/sth
jointly responsible

verantwortlich
für jdn/etw verantwortlich sein
mitverantwortlich.

roar *n, v* [rɔːr]
to roar out

Brüllen, brüllen
Freude/Schmerzen hinausschreien

---

info

Nicht nur die Sprache selbst ist wichtig! Machen sie sich auch mit anderen Aspekten der englischsprachigen Kommunikation vertraut, z. B. mit dem Gebrauch von **Gestik** und **Mimik**.

---

rob *v* [rɒb]
The bank was robbed on Friday.

stehlen, berauben
Die Bank wurde am Freitag ausgeraubt.

rock *n, v* [rɒk]
Our boat was rocked by the waves.

I'll have a Scotch on the rocks please.
Their marriage is on the rocks.
That rocks!

Fels, schaukeln
Unser Boot wurde von den Wellen geschaukelt.
Ich bekomme einen Whisky mit Eis, bitte.
Ihre Ehe ist gescheitert.
Das ist super!

rocket *n* [ˈrɒkɪt]

Rakete

role *n* [rəʊl]

Rolle

rose *n* [rəʊz]

Rose

rotten *adj* [ˈrɒtn]
The angry crowd threw rotten tomatoes.
The weather was rotten last weekend.

to feel rotten

faul, schlecht
Die wütende Menge warf faule Tomaten.
Das Wetter war sehr schlecht letztes Wochenende.
sich miserabel fühlen

rude *adj* [ruːd]
It's rude to stare at people.

unverschämt, unhöflich
Es ist unverschämt, Leute anzustarren.

rule *n, v* [ruːl]
to break the rules
to rule sth out

Regel, reagieren
gegen die Regeln verstoßen
etw ausschließen

rumour *n* [ˈruːmər]
I heard a rumour that …

Gerücht
Ich habe das Gerücht gehört, dass …

S

salad *n* ['sæləd] | Salat

salary *n* ['sæləri] | Gehalt

satisfy *v* ['sætɪsfaɪ] | befriedigen
His parents are not satisfied with his grades. | *Seine Eltern sind mit seinen Noten nicht zufrieden.*

save *v* [seɪv] | retten, sparen, speichern
to save sb from sth | *jdn vor etw retten*
They are saving for a new car. | *Sie sparen auf ein neues Auto.*
She saved the report on a disc. | *Sie speicherte den Bericht auf Diskette.*

scar *n* [skaːr] | Narbe

scarce *adj* ['skɛəs] | selten

scissors *n* ['sɪzəz] | Schere

scream *n, v* [skriːm] | Schrei, schreien
She screamed when she saw the mouse. | *Sie hat geschrien, als sie die Maus sah.*

search *n, v* [sɜːtʃ] | Suche, suchen
to search for sth | *nach etw suchen*

secret *n* ['siːkrət] | Geheimnis
to keep a secret | *ein Geheimnis bewahren*
They met in secret. | *Sie haben sich heimlich getroffen.*
secret agent | *Geheimagent*

seem *v* [siːm] | scheinen
Kai seems to like his new job. | *Kai scheint seinen neuen Job zu mögen.*

seldom *adv* ['seldəm] | selten
They seldom go to the theatre. | *Sie gehen selten ins Theater.*

select *v* [sɪˈlekt] | auswählen
to select sth | *etw auswählen*

serious *adj* ['sɪəriəs] | ernst, schwer

several *adj* ['sevrəl] | mehrere
He has been to China several times. | *Er war mehrmals in China.*

slap

severe *adj* [sɪˈvɪər]
Kai was severely injured in the accident.

streng, schwer
Kai wurde bei dem Unfall schwer verletzt.

---

sex *n* [seks]

Sex, Geschlecht

---

shame *n* [ʃeɪm]
It's a shame that you can't come.

Scham, Schande
Es ist eine Schande, dass du nicht kommen kannst.

---

shape *n, v* [ʃeɪp]
He is in bad shape.

Form, formen
Er ist in schlechter Verfassung.

---

share *v* [ʃɛər]
He shared his lunch with her.

teilen
Er teilte sein Mittagessen mit ihr.

---

sharp *adj* [ʃaːp]
The knife isn't sharp enough to cut it.
to be sharp with sb

scharf, klug
Das Messer ist nicht scharf genug.
mit jdm unfreundlich umgehen

---

short *adj* [ʃɔːt]
to be short of sth
to be short sighted
to take a short cut

kurz, klein
nicht genügend haben
kurzsichtig sein
eine Abkürzung nehmen

---

shout *n, v* [ʃaʊt]
to shout at sb

Schrei, schreien
jdn anschreien

---

sign *n* [saɪn]
traffic sign

Schild, Zeichen
Verkehrszeichen

---

significant *adj* [sɪgnɪfɪkənt]

bedeutsam

---

silence *n, v* [ˈsaɪləns]
Her sharp reply silenced him.

Stille, zum Schweigen bringen
Ihre scharfe Anwort hat ihn zum Schweigen gebracht.

---

similar *adj* [ˈsɪmɪlər]
We have similar taste in films.

ähnlich
Wir haben einen ähnlichen Geschmack in Sachen Film.

---

sin *n, v* [sɪn]

Sünde, sündigen

---

situation *n* [sɪtjʊˈeɪʃən]

Lage

---

size *n* [saɪz]

Größe, Umfang

---

slap *n, v* [slæp]
to slap sb

Klaps, ohrfeigen
jdm eine Ohrfeige geben

slight

slight *adj* [slaɪt]
I have a slight headache.

geringfügig, leicht
Ich habe etwas Kopfweh.

sly *adj* [slaɪ]

schlau

smooth *adj* [smuːð]
make things smooth for sb

glatt
jdm den Weg ebnen

sneakers *n* [ˈsniːkəz]

Turnschuhe

soap *n* [səʊp]

Seife

soldier *n* [ˈsəʊldʒər]

Soldat

solid *adj* [ˈsɔlɪd]

fest

sound *n, adj* [saʊnd]
I heard a strange sound.

Geräusch, vernünftig
Ich habe ein komisches Geräusch gehört.

space *n* [speɪs]

Raum, Platz, Weltraum

special *adj* [ˈspeʃəl]

besonders

specialist *n* [ˈspeʃəlɪst]

Fachmann

speed *n* [spiːd]

Geschwindigkeit

spend *v* [spend]
She spends a lot of time with her mother.

ausgeben, verbringen
Sie verbringt viel Zeit mit ihrer Mutter.

splendid *adj* [ˈsplendɪd]

prächtig

spoil *v* [spɔɪl]
to spoil a child
to spoil the fun

verderben
ein Kind verwöhnen, verziehen
den Spaß verderben

staff *n* [stɑːf]

Personal

stain *n, v* [steɪn]
Don stained his shirt.

Fleck, beflecken
Don hat sein Hemd beschmutzt.

stay *n, v* [steɪ]
We enjoyed our stay immensely.
The weather was bad so we stayed in.

Stay away from hot surfaces!
We stayed overnight.

Aufenthalt, bleiben
Wir genossen unseren Aufenthalt sehr.
Das Wetter war schlecht und wir blieben zu Hause.
Bleib heißen Oberflächen fern!
Wir übernachteten.

step *n* [step]

Schritt, Stufe

stink *n, v* [stɪŋk] *It stinks in here!*	**Gestank, stinken** *Es stinkt hier drinnen!*
stomach *n, v* [ˈstʌmək] *I can't stomach beer.* *He has a pain in his stomach.*	**Bauch, Magen, vertragen** *Ich kann Bier nicht vertragen.* *Er hat Bauchschmerzen.*
story *n* [ˈstɔːrɪ] *to tell a story*	**Geschichte** *eine Geschichte erzählen*
strength *n* [streŋθ]	**Kraft, Stärke**
success *n* [səkˈses] *to be successful*	**Erfolg** *erfolgreich sein*
suffer *v* [ˈsʌfər] *to suffer from sth*	**leiden** *an etw leiden*
suggest *v* [səˈdʒest] *to suggest sth*	**vorschlagen** *etw vorschlagen*
sunshine *n* [ˈʃʌnʃaɪn]	**Sonnenschein**
support *n, v* [səˈpɔːt] *He supports UNICEF.*	**Unterstützung, unterstützen** *Er unterstützt UNICEF.*
suppose *v* [səˈpəʊz] *I suppose he is not coming.*	**annehmen** *Ich nehme an, er kommt nicht.*
surprise *n, v* [səˈpraɪz] *They threw a surprise party for Kay.*	**Überraschung, überraschen** *Sie gaben eine Überraschungsparty für Kay.*

t

tabloid *n* [ˈtæblɔɪd]	**Boulevardzeitung**
tact *n* [ækt] *to be tactless*	**Takt** *taktlos sein*
tail *n* [teɪl]	**Schwanz**
tan *v* [tæn] *Her skin tans easily.*	**bräunen** *Ihre Haut bräunt schnell.*
task *n* [taːsk] *to take sb to task*	**Aufgabe** *jdn kritisieren*

taste

taste *n, v* [teɪst] *This pudding tastes awful!*	**Geschmack, schmecken** *Dieser Pudding schmeckt schrecklich!*
tattoo *n, v* [təˈtuː] *Lisa had a rose tattoed on her leg.*	**Tätowierung, tätowieren** *Lisa hat sich eine Rose auf das Bein tätowieren lassen.*
tax *n* [tæks]	**Steuer**
taxi *n* [ˈtæksɪ] *to hail/take/call a taxi* *taxi rank*	**Taxi** *ein Taxi nehmen* *Taxistand*
teach *v* [tiːtʃ] *Marie teaches Maths.*	**lehren, unterrichten** *Marie unterrichtet Mathematik.*
team *n* [tiːm]	**Mannschaft**
technique *n* [tekˈniːk]	**Technik**
tedious *adj* [ˈtiːdiəs]	**langweilig, ermüdend**
teenager *n* [ˈtiːneɪdʒər]	**Teenager**
temper *n* [ˈtempər] *to be in a bad/good temper* *to lose one's temper*	**Temperament** *schlecht/gut gelaunt sein* *die Beherrschung verlieren*
tenant *n* [ˈtenənt]	**Mieter**
test *n, v* [test] *She failed her driving test.*	**Probe, Prüfung, testen** *Sie hat die Führerscheinprüfung nicht bestanden.*
there *adv* [ðɛər] *They wanted to get there before dark.*	**dort** *Sie wollten vor Einbruch der Dunkelheit dort ankommen.*
therefore *adv* [ˈðɛəfɔːr]	**deswegen**
thirst *n* [θɜst] *to be thirsty*	**Durst** *durstig sein*
though *conj* [ðəʊ] *I liked the film, even though it was a bit scary at times.*	**obwohl** *Der Film hat mir gefallen, obwohl er ein bisschen schaurig war.*
throat *n* [θrəʊt] *to have a sore throat*	**Hals** *Halsschmerzen haben*

touch

through *prep* [θruː] — **durch**
The rain soaked through my coat. — *Der Regen drang durch meine Jacke.*

throw *v* [θrəʊ] — **werfen**
to throw a temper tantrum — *einen Wutanfall haben*
to throw up — *sich übergeben*

thunder *n* [ˈθʌndər] — **Donner**

ticket *n* [ˈtɪkɪt] — **Fahrkarte, Eintrittskarte**
to get a ticket — *einen Strafzettel bekommen*

timid *adj* [ˈtɪmɪd] — **ängstlich**

tiny *adj* [ˈtaɪnɪ] — **winzig**

tissue *n* [ˈtɪʃuː] — **Taschentuch, Gewebe**

title *n* [ˈtaɪtl] — **Titel**
to play the title-role — *die Hauptrolle spielen*

tone *n* [təʊn] — **Klang, Ton**
Don't speak to me in that tone! — *Sprich nicht in diesem Ton mit mir!*

tongue *n* [tʌŋ] — **Zunge**
Her mother tongue is Italian. — *Ihre Muttersprache ist Italienisch.*

tool *n* [tuːl] — **Werkzeug**

top *n* [tɒp] — **Spitze, Gipfel**
on top — *oben auf*
to yell at the top of one's voice — *aus vollem Halse schreien*
top down — *von oben nach unten*
to feel on top of the world — *sich sehr glücklich fühlen*

topless *adj* [ˈtɒpləs] — **oben ohne**

total n, v [ˈtəʊtl] — **Gesamtheit, Endsumme, sich belaufen auf**
The bill came to $200 in total. — *Die Rechnung beträgt insgesamt 200$.*

totally *adv* [ˈtəʊtəlɪ] — **total**
That book was totally useless! — *Dieses Buch war vollkommen unbrauchbar!*

touch n, v [tʌtʃ] — **Berührung, berühren, anfassen**
to get in touch with sb — *sich mit jdm in Verbindung setzen*
a touch of sth — *eine Spur von etw*
a touching scene/story etc. — *eine berührende Szene/Geschichte etc.*

tough

tough *adj* [tʌf]
It was a tough game but we won in the end.

schwierig
Das Spiel war schwierig, aber am Ende haben wir gewonnen.

toy *n, v* [tɔɪ]
to toy with the idea of doing sth

Spielzeug, spielen
mit dem Gedanken spielen, etw zu tun

traffic *n, v* ['træfɪk]
to be stuck in traffic
to traffic in drugs

Verkehr, handeln
im Stau stecken
mit Drogen handeln

translate *v* [trænz'leɪt]
He translated the sentence into English.

übersetzen
Er hat den Satz ins Englische übersetzt.

info

Wörter, die Sie sich schlecht merken können, sollten Sie am besten groß auf ein Blatt notieren und dieses dann sichtbar im Raum aufhängen!

travel *v* ['trævl]
to travel by car/train etc.
to travel light
traveler's cheques

reisen
mit dem Auto/Zug etc. reisen
wenig Gepäck mitbringen
Reiseschecks

treatment *n* ['triːtmənt]
to undergo medical treatment

Behandlung
in ärztlicher Behandlung sein

tricky *adj* ['trɪkɪ]
The exam was tricky.

kompliziert, schwierig
Die Prüfung war schwierig.

true *adj* [truː]
Is the film based on a true story?

wahr
Basiert dieser Film auf einer wahren Geschichte?

trust *n, v* [trʌst]
to betray sb's trust
He trusts him completely.

Vertrauen, vertrauen
jds Vertrauen missbrauchen
Er vertraut ihm vollkommen.

truth *n* [truːθ]
to tell the truth

Wahrheit
die Wahrheit sagen

turn *n, v* [tɜrn]
to turn down an offer
to turn into sth
to turn left/right
to turn sth off/on
It's your turn.

Drehung, drehen
ein Angebot ablehnen
sich in etw verwandeln
links/rechts abbiegen
etw ausschalten/einschalten
Du bist dran.

unexpected

typical *adj* ['tɪpɪkəl]
Stefan was late again today – typical!

typisch
Stefan kam heute wieder zu spät – typisch!

u

ulcer *n* ['ʌlsər]

Geschwür

unable *adj* [ʌn'eɪbl]
She is unable to ski.

etw nicht tun können
Sie kann nicht Ski fahren.

unbearable *adj* [ʌn'bɛərəbl]

unerträglich

unbelievable *adj* [ʌnbɪ'liːvəbl]
an unbelievable story
The dress was unbelievably cheap.

unglaublich
eine unglaubliche Geschichte
Das Kleid war unglaublich billig.

uncanny *adj* [ʌn'kænɪ]
She bears an uncanny resemblance to her sister.

unheimlich
Sie sieht ihrer Schwester unheimlich ähnlich.

uncomfortable *adj* [ʌn'kʌmfətəbl]
This couch is uncomfortable.
an uncomfortable silence

unbequem, ungemütlich, unangenehm
Dieses Sofa ist unbequem.
eine unangenehme Stille

uncommon *adj* [ʌn'kɔmən]

ungewöhnlich

unconscious *adj* [ʊn'kɔnʃəs]
Josh was unconscious after the car crash.

bewusstlos, unbeabsichtigt
Josh war nach dem Unfall bewusstlos.

uncover *v* [ʌn'kʌvər]

aufdecken

undertake *v* ['ʌndə'teɪk]
She undertook to finish the report by Tuesday.

unternehmen, sich etw vornehmen
Sie nahm sich vor, den Bericht bis Dienstag abzuschließen.

underwear *n* ['ʌndəwɛər]

Unterwäsche

uneasy *adj* [ʌn'iːzɪ]
to be uneasy about/at sth

unruhig
wegen etw unruhig sein

unemployed *adj* [ʌnɪm'plɔɪd]
the unemployed

arbeitslos
die Arbeitslosen

unexpected *adj* [ʌnɪk'spektɪd]
Her visit was quite unexpected.

unerwartet
Ihr Besuch war unerwartet.

unfair

unfair *adj* [ʌnˈfɛər]	**ungerecht, unfair**
unfortunate *adj* [ʌnˈfɔːtʃnət] to be unfortunate an unfortunate comment/coincidence/mistake	**unglücklich, bedauerlich** unglücklich sein ein(e) bedauerliche(r) Bemerkung/Zufall/Fehler
unfriendly *adj* [ʌnˈfrendlɪ] I didn't tip the unfriendly waiter.	**unfreundlich** Ich gab dem unfreundlichen Kellner kein Trinkgeld.
ungrateful *adj* [ʌnˈgreɪtfʊl] to be ungrateful	**undankbar** undankbar sein
unhealthy *adj* [ʌnˈhelθɪ] He leads an unhealthy life-style.	**ungesund** Er führt einen ungesunden Lebensstil.
unique *adj* [juːˈniːk] a unique chance/opportunity	**einmalig, einzigartig** eine einmalige Chance/Möglichkeit
universe *n* [ˈjuːnɪvɜs]	**Weltall**
university *n* [juːnɪˈvɜsɪtɪ]	**Universität**
unknown *adj* [ʌnˈnəʊn] The outcome of the election is still unknown. an unknown actor	**unbekannt** Die Ergebnisse der Wahl sind noch unbekannt. ein unbekannter (nicht berühmter) Schauspieler.
unless *conj* [ənˈles] You will fail the exam unless you study harder.	**falls nicht, wenn nicht** Falls du nicht mehr lernst, wirst du die Prüfung nicht bestehen.
unlucky *adj* [ʌnˈlʌkɪ] to be unlucky	**unglücklich** Pech haben
unnecessary *adj* [ˈʌnnesəsərɪ]	**unnötig**
unpleasant *adj* [ʌnˈpleznt] What's that unpleasant smell?	**unangenehm** Was ist denn das für ein unangenehmer Geruch?
unsuccessful *adj* [ʌnsəkˈsesfʊl]	**erfolglos**
unthinkable *adj* [ʌnˈθɪŋkəbl]	**unvorstellbar**
unusual *adj* [ʌnˈjuːʒʊəl] He has an unusual bike.	**ungewöhnlich** Er hat ein ungewöhnliches Fahrrad.

unwell *adj* ['ʌn'wel]	sich unwohl fühlen
uphill *adj* [ʌp'hɪl]	bergauf
uptight *adj* [ʌp'taɪt] to get/feel uptight about sth	nervös wegen etw nervös sein
urgent *adj* ['ɜdʒənt] Please come straight away, its urgent!	dringend Bitte kommen Sie sofort, es ist dringend!

V

vacancy *n* ['veɪkənsɪ] I'm sorry, we have no vacancies.	offene Stelle, freie Zimmer Es tut mir Leid, wir haben keine freien Zimmer.
vacant *adj* ['veɪkənt] Is room 35 vacant?	leer, frei Ist Zimmer 35 frei?
vaccinate *v* ['væksɪneɪt] Almost everybody is vaccinated against polio.	impfen Fast jeder ist gegen Kinderlähmung geimpft.
vague *adj* [veɪg] His answer was rather vague. I'm still vague about what I am supposed to do.	vage, nicht sicher Seine Antwort war ziemlich vage. Ich bin nur noch nicht sicher, was ich tun soll.
valley *n* ['vælɪ]	Tal
value *n, v* ['væljuː] He valued the painting at $4000. of lasting value	Wert, schätzen Er schätzt den Wert des Gemäldes auf 4000$. von bleibendem Wert
various *adj* ['vɛərɪəs] He's interested in various different sports. for various reasons	verschieden, mehrere Er interessiert sich für verschiedene Sportarten. aus verschieden Gründen
vast *adj* [vaːst] a vast expanse of land a vast difference a vast fortune	weit ausgedehnt, groß, riesig eine weit ausgedehnte Landfläche eine großer Unterschied ein riesiges Vermögen
veal *n* [viːl]	Kalbfleisch

vehicle

vehicle *n* ['viːɪkl] — Fahrzeug

veil *n, v* [veɪl] — Schleier, verschleiern
to veil a feeling — ein Gefühl unterdrücken/verstecken

vein *n* [veɪn] — Ader

velocity *n* [vɪˈlɔsɪtɪ] — Geschwindigkeit

velvet *n* ['velvɪt] — Samt

vending machine *n* ['vendɪŋməʃiːn] — Automat
He went to the vending machine to buy cigarettes. — Er ging zum Automaten, um Zigaretten zu kaufen.

vengeance *n* ['vendʒəns] — Rache, Vergeltung

venom *n* ['venəm] — Gift

verdict *n* ['vɛːdɪkt] — Urteil
verdict of guilty — Schuldspruch

verify *v* ['verɪfaɪ] — überprüfen, bestätigen
Can you verify these figures please? — Können sie bitte diese Zahlen überprüfen?

versatile *adj* [vɛːsətaɪl] — vielseitig

version *n* ['vɛːʃən] — Version
Tell me your version. — Erzähl mir deine Version.

via *prep* ['vaɪə] — über
We flew to Toyko via London. — Wir flogen über London nach Tokio.

vicar *n* ['vɪkər] — Pfarrer

vicious *adj* ['vɪʃəs] — böse, brutal, gemein
a vicious circle — ein Teufelskreis

victim *n* ['vɪktɪm] — Opfer

victory *n* ['vɪktərɪ] — Sieg
to lead a team/army to victory — eine Mannschaft/Armee zum Sieg führen

view *n* [vjuː] — Sicht, Ansicht, Meinung

violence *n* ['vaɪələns] — Gewalttätigkeit
to use violence against sb — Gewalt gegen jdn ausüben

voyage

violin *n* [vaɪə'lɪn]

Geige

virtually *adv* ['vɜːtjʊəlɪ]
Virtually everyone has a mobile phone these days.

praktisch, fast
Heutzutage hat fast jeder ein Handy.

> **info**
>
> Nutzen Sie die Gelegenheit, Filme in ihrer englischen Originalfassung anzuschauen. Sie werde sich nach kurzer Zeit in die fremde Sprache hineinfinden.

virus *n* ['vaɪrəs]

Virus

visa *n* [v'iːzə]
He needs to get his visa extended.

Visum
Er muss sein Visum verlängern lassen.

vitamin *n* ['vɪtəmɪn]
Oranges are a good source of vitamin C.

Vitamin
Orangen sind eine gute Quelle von Vitamin C.

voice *n, v* [vɔɪs]
Emma has a good singing voice.
to lose one's voice
to voice an objection

Stimme, äußern
Emma kann gut singen.
die Stimme verlieren
sich gegen etw aussprechen

volt *n* [vəʊlt]

Volt

volume *n* ['vɒljuːm]
Can you turn down the volume please?

Lautstärke, Umfang
Kannst du die Lautstärke zurückdrehen?

voluntary *adj* [vɒləntərɪ]

freiwillig

vomit *v* ['vɒmɪt]
He vomited after drinking too much.

sich übergeben
Er hat sich übergeben, nachdem er zu viel getrunken hatte.

vote *n, v* [vəʊt]

The Labour candidate received 3000 votes.
Pam voted for George.

Abstimmung, wählen, abstimmen
Der Labour-Kandidat bekam 3000 Stimmen.
Pam hat George gewählt.

voucher *n* ['vaʊtʃər]
Chloe won a voucher to the value of $20.

Gutschein
Chloe gewann einen Gutschein für 20$.

voyage *n* ['vɔɪɪdʒ]

Reise

vulgar

vulgar *adj* [ˈvʌlgər]
a vulgar joke
— vulgär
ein vulgärer Witz

vulnerable *adj* [ˈvʌlnərəbl]
— verwundbar, verletzlich

W

waddle *v* [ˈwɒdl]
The duck waddled towards the lake.
— watscheln
Die Ente ist zum See gewatschelt.

wade *v* [weɪd]
— waten

wafer *n* [weɪfə]
— Waffel, Oblate

wage *n* [weɪdʒ]
— Lohn

wager *v* [weɪdʒər]
— wetten

waist *n* [weɪst]
— Taille

wake *v* [weɪk]
Can you wake me up at 7 a.m.?
— wecken
Kannst du mich um 7 Uhr wecken?

wall *n* [wɔːl]
They painted the walls blue.
to drive sb up the wall
— Wand, Mauer
Sie haben die Wände blau gestrichen.
jdn irritieren

wallet *n* [ˈwɒlɪt]
— Portmonee

wallpaper *n* [ˈwɔːlpeɪpər]
— Tapete

wander *v* [ˈwɒndər]
— wandern, abschweifen

war *n* [wɔːr]
to declare war
— Krieg
den Krieg erklären

wardrobe *n* [ˈwɔːdrəʊb]
— Kleiderschrank

wart *n* [wɔːt]
— Warze

wary *adj* [ˈwɛərɪ]
She eyed the man warily.
— misstrauisch
Sie schaute den Mann misstrauisch an.

wasp *n* [wɒsp]
to get stung by a wasp
— Wespe
von eine Wespe gestochen werden

waste *n, v* [weɪst]
— Verschwendung, verschwenden

whine

wave *n, v* [weɪv] — Welle, winken
She waved goodbye to her mother. — *Sie winkte ihrer Mutter zum Abschied.*

wavy *adj* [ˈweɪvɪ] — wellig
Kate has wavy red hair. — *Kate hat welliges, rotes Haar.*

weak *adj* [wiːk] — schwach, schlecht
He stills feels weak after his illness. — *Er fühlt sich nach seiner Krankheit noch schwach.*
to have weak eyesight — *schlechte Augen haben*
Dieter is weak at maths. — *Dieter ist schlecht in Mathematik.*

wealth *n* [welθ] — Reichtum

weapon *n* [ˈwepən] — Waffe

weary *adj* [ˈwɪərɪ] — müde
He is growing weary of listening to her. — *Es langweilt ihn, ihr zuzuhören.*

web *n* [web] — Netz

wedding *n* [ˈwedɪŋ] — Hochzeit

wee *adj* [wiː] — winzig, klein

weed *n, v* [wiːd] — Unkraut, jäten
Sie spent the whole afternoon weeding the garden. — *Sie verbrachte den ganzen Nachmittag beim Jäten im Garten.*

weep *v* [wiːp] — weinen
The bride wept tears of joy. — *Die Braut weinte vor Freude.*

weird *adj* [wɪəd] — unheimlich, seltsam
to have weird taste (in music/clothes etc.) — *einen seltsamen Geschmack haben*
to be a weirdo (ugs) — *eine seltsame Person sein*

weight *n* [weɪt] — Gewicht

welcome *n, adj* [ˈwelkəm] — Empfang, willkommen
to give sb a warm welcome — *jdn freundlich empfangen*
Welcome to Germany! — *Willkommen in Deutschland!*

welfare *n* [ˈwelfɛər] — Wohl, Fürsorge

whether *conj* [ˈweðər] — ob
I don't know whether they are coming. — *Ich weiß nicht, ob sie kommen.*

whine *v* [waɪn] — wimmern, winseln
The dog whined all night long. — *Der Hund winselte die ganze Nacht lang.*

whose

whose *pron* [huːz]
Whose shoes are these?

wessen
Wessen Schuhe sind das?

wide *adj* [waɪd]

weit

info

Seien Sie vorsichtig, wenn Sie umgangssprachliche Ausdrücke verwenden! Seien Sie sicher, dass Sie den Ausdruck wirklich verstehen, um Beleidigungen und Peinlichkeiten zu vermeiden!

wild *adj* [waɪld]
wildlife

wild
Tierwelt

win *v* [wɪn]

gewinnen

within *adj* [wɪð'ɪn]

innerhalb von, in

witty *adj* ['wɪtɪ]

witzig

worry *n, v* ['wʌrɪ]

Sorge, sich Sorgen machen

worse *adj* [wɜs]
If the weather gets any worse we'll have to go home.

schlimmer
Wenn das Wetter schlechter wird, müssen wir nach Hause gehen.

worthy *adj* [wɜðɪ]

würdig

wrath *n* [rɔθ]

Zorn

wrinkle *n, v* ['rɪŋkl]
Frank has a lot of wrinkles around his eyes.

Falte, runzeln
Frank hat viele Falten um die Augen.

wrist *n* [rɪst]
wrist-watch

Handgelenk
Armbanduhr

wry *adj* [raɪ]

ironisch

x/y/z

xenophobia *n* [zenə'fəʊbɪə]

Fremdenfeindlichkeit

xylophone *n* ['zaɪləfəʊn]

Xylophon

zucchini

yard *n* [jaːd]	Hof
yawn *n, v* [jɔːn] *The tired child yawned.*	Gähnen, gähnen *Das müde Kind gähnte.*
yearn *v* [jɜːn]	sich sehnen, verlangen
yeast *n* [jiːst]	Hefe
yell *n, v* [jel] *Don't yell, I'm not deaf!*	Schrei, schreien *Schrei nicht so, ich bin nicht taub!*
yield *n, v* [jiːld] *to yield to temptation*	Ertrag, nachgeben *der Versuchung nachgeben*
yoga *n* [ˈjəʊgə]	Yoga
yoghurt *n* [ˈjɔgət]	Jogurt
yolk *n* [jəʊk]	Eigelb
youth *n* [juːθ] *in one's youth* *the youth of today* *We stayed in a youth hostel.*	Jugend *in der Jugendzeit* *die Jugendlichen von heute* *Wir übernachteten in einer Jugendherberge.*
yummy *adj* [ˈjʌmɪ] *That cake was yummy!*	lecker *Dieser Kuchen war lecker!*
zeal *n* [ziːl] *to work with great zeal*	Eifer *mit großem Eifer arbeiten*
zest *n* [zest]	Begeisterung
zip code *n* [zɪpkəʊd]	Postleitzahl
zoo *n* [zuː]	Zoo
zucchini *n* [zuːkiːnɪ]	Zucchini

Zwischenmenschliche Beziehungen

I'm very glad to see you.	Ich freue mich, Sie zu sehen.
How are you?	Wie geht es dir/Ihnen?
Can't complain.	Kann nicht klagen.
Allow me to introduce myself, my name is ...	Ich würde mich gerne vorstellen, ich heiße ...
May I introduce you to my friend Patrick?	Darf ich dir meinen Freund Patrick vorstellen?
Pleased to meet you, Patrick.	Nett dich kennen zu lernen, Patrick.
Haven't we met before?	Haben wir uns nicht schon mal getroffen?
Excuse me!	Entschuldigen Sie!
Excuse me, aren't you Mr. Smyth?	Entschuldigung, sind Sie nicht Herr Smyth?
That's right, you must be Ms. King.	Richtig, Sie müssen Frau King sein.
I'm James, what's your name?	Ich bin James, wie heißt du?
How old are you?	Wie alt bist du?
When is your birthday?	Wann ist dein Geburtstag?
What star-sign are you?	Was ist dein Sternzeichen?
How long have you been learning Englisch?	Wie lang lernst du schon Englisch?
Have you ever been to Germany?	Warst du jemals in Deutschland?
No never, I'd love to go there though.	Nein niemals, ich würde aber gern hin fahren.
Where are you from?	Woher kommen Sie?
Do you come from England?	Kommst du aus England?
No, actually I'm Scottish.	Nein, eigentlich bin ich Schotte.

Zwischenmenschliche Beziehungen

What age do you think she is?	Wie alt schätzt du sie?
Are you married?	Bist du verheiratet?
I'm single/separated...	Ich bin ledig/geschieden ...
Do you have any siblings?	Hast du Geschwister?
I have a twin sister.	Ich habe eine Zwillingsschwester.
I am an only child.	Ich bin ein Einzelkind.
Are you the youngest?	Bist du die Jüngste?
No, I'm the eldest.	Nein, ich bin die Älteste.
Ben is a bachelor.	Ben ist Junggeselle.
Norma is engaged to be married.	Norma ist verlobt.
Harold is a widower.	Harold ist verwitwet.
I'm married and have two children.	Ich bin verheiratet und habe zwei Kinder.
She is a single mother.	Sie ist eine allein erziehende Mutter.
We have two grandchildren.	Wir haben zwei Enkelkinder.
Where do you work?	Wo arbeiten Sie?
I've been promoted.	Ich bin befördert worden.
Do you have any hobbies?	Hast du Hobbys?
I like reading and going to the cinema.	Ich lese gern und gehe gern ins Kino.
What is your favourite type of film?	Welche Art von Film gefällt dir am besten?
Personally I like ...	Ich persönlich mag ...
Do you play any sports?	Treibst du Sport?
Have you ever tried ...	Hast du schon einmal ... versucht?
What kind of music do you like?	Was für Musik magst du?

Emotionen äußern

I'm a big fan of ...	Ich bin ein großer Anhänger von ...
Do you play an instrument?	Spielst du ein Instrument?
It's getting late!	Es ist schon spät!
It was a pleasure to meet you.	Es war ein Vergnügen dich zu treffen.
We should get together again sometime.	Wir sollten uns irgendwann mal wieder treffen.
It was great to see you again.	Es war toll dich wiederzusehen.
Thank you for a wonderful evening.	Danke für einen wunderschönen Abend.
We really had a good time.	Wir hatten wirklich viel Spass.
Thanks for coming.	Danke, dass du gekommen bist.

Emotionen äußern

I'm so happy that ...	Ich bin so froh, dass ...
That's wonderful!	Das ist wunderbar!
We had great fun.	Wir hatten sehr viel Spaß.
I had a very enjoyable evening.	Ich hatte einen erfreulichen Abend.
She is always very friendly.	Sie ist immer sehr freundlich.
Eddie has a great sense of humour.	Eddie hat viel Sinn für Humor.
Jamie is a nice person.	Jamie ist sehr nett.
I really enjoy his company.	Ich genieße seine Gesellschaft.
She is always very helpful.	Sie ist immer sehr hilfsbereit.
I like Robbie.	Ich mag Robbie.
Kevin is very fond of Mariana.	Kevin hat Mariana sehr gern.

Emotionen äußern

Carola and I get on very well. — Carola und ich verstehen uns gut.

Dean is very reliable. — Man kann sich auf Dean verlassen.

She simply adores her husband. — Sie verehrt ihren Mann.

They are very much in love. — Sie sind sehr ineinander verliebt.

I'm fine. — Es geht mir gut.

I'm very impressed. — Ich bin sehr beeindruckt!

Well done! — Gut gemacht!

This is absolutely delicious! — Das schmeckt lecker!

I'm very satisfied with it! — Ich bin damit sehr zufrieden!

I love you. — Ich liebe Dich.

I'm still hopeful. — Ich habe noch Hoffnung!

I wouldn't mind. — Ich hätte nichts dagegen.

How are you feeling? — Wie fühlst du dich?

I just don't feel too well. — Ich fühle mich einfach unwohl.

Are you feeling any better? — Geht's dir besser?

We had a terrible holiday. — Wir hatten einen schrecklichen Urlaub.

I didn't enjoy it at all. — Ich habe mich überhaupt nicht amüsiert.

I've disliked her from the beginning. — Ich habe sie von Anfang an nicht gemocht.

I can't stand them! — Ich kann sie überhaupt nicht leiden!

I don't like him. — Ich mag ihn nicht.

We have nothing in common. — Wir haben nichts in gemeinsam.

Emotionen äußern

I'm not really in the mood.	Ich bin nicht in der Laune dafür.
We are not on friendly terms.	Wir sind nicht befreundet.
He doesn't get on with the neighbours.	Er kommt mit den Nachbarn nicht klar.
She was disappointed with ...	Sie war enttäuscht von ....
To our great disappointment the match was cancelled.	Zu unserer Enttäuschung wurde das Spiel abgesagt.
I'm so sorry to hear you can't come.	Es tut mir Leid, dass du nicht kommen kannst.
They are concerned about their son.	Sie machen sich Sorgen um ihren Sohn.
He was hurt by her cruel words.	Ihre harten Worte haben ihn verletzt.
She was heart-broken when he left.	Es hat ihr das Herz gebrochen, als er sie verließ.
Cheer up, you look so sad!	Kopf hoch, du siehst so traurig aus.
He looks pale and seems very anxious.	Er ist blass und scheint nervös zu sein.
Carsten suffers from depression.	Carsten leidet unter Depressionen.
He was upset at ...	Er war verärgert, weil ...
I'm very angry with ...	Ich bin sehr böse mit ...
Can you stop that? It's very annoying.	Kannst du damit aufhören? Es ist sehr ärgerlich.
She lost her temper.	Sie hat die Beherrschung verloren.
He is in a bad temper today.	Er ist heute schlecht gelaunt.
Don't be so touchy!	Sei nicht so gereizt!
Chill out!	Beruhige dich!

Bitten, Aufforderungen, Fragen

She is jealous of ...	Sie ist eifersüchtig auf ...
He looked enviously at her new car.	Er blickte ihr neues Auto neidisch an.
Michelle is afraid of the dark.	Michelle hat Angst in der Dunkelheit.
It was a frightening experience.	Es war eine schreckliche Erfahrung.
Don't be scared, it's only a film!	Hab keine Angst, es ist bloß ein Film!
Ian has a fear of ...	Ian leidet an ...
She panicked when ...	Sie ist in Panik geraten als ...
I'm terribly sorry about it.	Es ist mir sehr unangenehm/peinlich.
I feel homesick!	Ich habe Heimweh!
That's an outrage!	Das ist eine Zumutung!
I have a severe pain here!	Ich habe an dieser Stelle starke Schmerzen!
What a pity!/What a shame!	(Wie) Schade!
It means a lot to me.	Das bedeutet mir viel.
Things could be worse!	Es könnte schlimmer sein!
I'm frustrated!	Ich bin frustriert!
I don't care!	Das ist mir egal!
I'm not interested in it!	Das interessiert mich gar nicht!
How dare you!	Was fällt Dir ein?

Bitten, Aufforderungen, Fragen

How much is it?	Was kostet es?
What's the time?	Wie viel Uhr ist es?

Bitten, Aufforderungen, Fragen

Take my advice!	Höre auf mich!
Play it cool!	Bleiben Sie ruhig!
You must/have to ...	Du musst ...
You shouldn't forget to/that ...!	Du sollst ... nicht vegessen!
You aren't allowed to do that!	Das darfst du nicht!
Believe in yourself!	Trau dich!
Never fear!	Keine Angst!
Don't chance/risk it!	Wage es nur nicht!
Stop that!	Hör auf damit!
Don't believe that ...	Glaub nur nicht, dass ...
Don't forget the appointment!	Denk an den Termin!
We need to urgently consider the fact that...!	Wir sollten dringend daran denken, dass ...!
Be honest for once!	Sei doch mal ehrlich!
Remember ...!	Denk an ...!
Don't forget me!	Vergiss mich nicht!
Don't leave me holding the baby!	Lass mich nicht damit allein!
Stay in touch!	Lass was von dir hören!
Give me a ring!	Ruf mich an!
Could you give me five minutes?	Hast du fünf Minuten Zeit?
I need to talk to you about something urgently.	Ich muss dringend etwas mit dir besprechen.
Excuse me, could I ask you something?	Entschuldigung, kann ich dich was fragen?
I need to tell you something.	Ich muss dir was erzählen.
Could we discuss that over lunch?	Können wir das jetzt beim Mittagessen diskutieren?

Bitten, Aufforderungen, Fragen

I'm looking for a flat.	Ich suche eine Wohnung!
Can you give me a hand?	Kannst du mir helfen?
Can I be of assistance?	Kann ich behilflich sein?
Could you please help me, I'm lost!	Könntest du mir helfen, ich habe mich verlaufen.
Can you tell me how to get to ...?	Wie komme ich zu/zur ...?
Turn left at the next traffic lights.	Geh/Fahr links an der nächsten Ampel.
Walk on and then take the fourth left.	Geh geradeaus und nimm die vierte Abzweigung rechts.
Can you show me on the map?	Kannst du mir das auf der Karte zeigen?
How far is it to the train station?	Wie weit ist es zum Bahnhof?
Where is the next bus stop?	Wo ist die nächste Haltestelle?
Is there a post office near here?	Gibt es hier in der Nähe eine Post?
Drive home carefully!	Fahr vorsichtig auf dem Heimweg!
You shouldn't have!	Du hättest das nicht machen müssen!
No problem!	Keine Ursache!
We are very grateful for all you've done.	Wir sind dankbar für alles, was du getan hast.
Thanks very much!	Vielen herzlichen Dank!
I really appreciate your help.	Ich weiß deine Hilfe zu schätzen.
I need your advice on ...	Ich brauche deinen Rat für ...
What do you think I should do?	Was soll ich machen?
What would you do in my position?	Was würdest du an meiner Stelle tun?

Versprechen, Wünschen, Anbieten

Let me give you a few words of advice.	Lass dir einen guten Rat geben.
Would you mind taking our order?	Könnten wir bitte bestellen?
Could you bring me the menu, please?	Könnten Sie mir die Karte bringen?
I'd like to book a table, please.	Ich möchte einen Tisch reservieren.
I'll have a pint of bitter/lager.	Ich hätte gerne ein Bier!
We'd like a bottle of Chianti, please.	Wir möchten eine Flasche Chianti, bitte.
Could we have the bill, please?	Können wir bitte die Rechnung haben?
Was everything to please?	War alles in Ordnung?
Excuse me, do you have this suit?	Entschuldigung, haben Sie dieses Kleid?
I'll take it. Do you take credit cards?	Ich nehme es. Kann ich mit Kreditkarte bezahlen?
Allow me to pay.	Erlauben sie mir, zu bezahlen.
Let's go window-shopping!	Lass uns einen Einkaufsbummel machen!
Why don't you call and reserve two tickets?	Kannst du anrufen und zwei Karten bestellen?
I'd like to make an appointment, please.	Ich hätte gerne einen Termin.

Versprechen, Wünschen, Anbieten

Congratulations!	Herzlichen Glückwunsch!
I wish you all a Merry Christmas ...	Ich wünsche euch allen fröhliche Weihnachten ...
... and a happy New Year!	... und ein glückliches Neues Jahr!

Versprechen, Wünschen, Anbieten

Happy Easter!	Frohe Ostern!
Good luck!	Viel Glück!
I'll keep my fingers crossed!	Ich drücke dir die Daumen!
All the best!	Alles Gute!
Happy birthday!	Alles Gute zum Geburtstag!
Get well soon!	Gute Besserung!
I'd love some …	Ich würde gerne …
Can you recommend something?	Kannst du etwas empfehlen?
What do you think about …?	Was hältst du von …?
What would you like?	Was möchten Sie?
How about something to eat?	Wie wär's mit etwas zu essen?
Did you enjoy your meal?	Hat es geschmeckt?
May I help you?	Kann ich helfen?
May I make a suggestion?	Darf ich einen Vorschlag machen?
I suggest that …	Ich schlage vor, dass …
I advise you to …	Ich rate Ihnen, zu …
I wish I were you!	Ich wünschte, ich wäre Sie!
I wish you would leave me in peace!	Ich wünschte, Sie würden mich in Ruhe lassen!
I've always wanted to …	Ich wollte schon immer einmal …
I'd love to …	Ich würde gerne …
If only I had …	Wenn ich nur … hätte!
Would it be possible to …?	Wäre es möglich …?
I hope you are enjoying your stay in England.	Hoffentlich macht dir dein Aufenthalt in England Spaß!

Mitteilungen

My car has broken down.	Ich habe eine Panne.
I'm injured.	Ich bin verletzt.
We are strangers here.	Wir sind fremd hier.
I will come later.	Ich werde später kommen.
I don't know my way round.	Ich kenne mich nicht aus.
My ... has been stolen.	Man hat mir den/die/das ... gestohlen.
I am ill/sick.	Ich bin krank!
It's nothing serious.	Es ist nichts Ernstes!
I don't have time.	Ich habe keine Zeit!
I know that for certain!	Ich weiß das sicher!
It's a fact!	Das ist eine Tatsache!
My suspicion has been confirmed.	Mein Verdacht hat sich bestätigt!
That's only a guess!	Das ist nur eine Vermutung!
That's a good idea!	Das ist eine gute Idee!
I'm in the know!	Ich weiß Bescheid!
As you already know ...	Wie Sie wissen, ...
I call a spade a spade.	Ich nenne die Dinge beim Namen.
Listen to me!	Hör mir zu!
I'll be back at ...	Ich komme um ... wieder.
Back in a jiffy!	Bin gleich wieder da!
Once upon a time ...	Es war einmal ...
That is on the one hand... and on the other hand ...	Das ist einerseits ... und andererseits ...

Mitteilungen

It is … o'clock.	Es ist … Uhr.
It's late in the evening.	Es ist spät am Abend.
I will be punctual tonight!	Ich werde heute Abend pünktlich sein!
I need to go to the hairdresser/doctor…	Ich muss zum Friseur/Arzt/…!
Here look …!	Hier sehen Sie …!
Don't allow me to forget …	Ich darf nicht vergessen …
Remind me to …!	Erinnere mich daran, dass …!
I was deep in thought.	Ich war in Gedanken.
I almost forgot to tell you that…!	Fast hätte ich vergessen, dir zu erzählen, dass …!
Have I already told you about/that …?	Habe ich dir schon … erzählt?
Short and sweet …!	Kurz und gut, …!
Simply put, …	Einfach gesagt, …!
Have you heard that …?	Hast du schon gehört, dass …?
I really must tell you that …!	Ich muss dir erzählen, dass …!
I'm afraid I have to inform you of …!	Leider muss ich dir mitteilen, dass …!
I have some rather good/bad/sad/interesting news for you.	Ich habe eine gute/schlechte/interessante/traurige Nachricht für Sie!
I don't know!	Ich weiß es nicht!
I remember that …!	Ich erinnere mich, dass …!
Don't forget that …!	Vergiss nicht, dass …!
Never in my wildest dreams would I have thought that …!	Ich hätte nicht im Traum daran gedacht, dass …!
All is well that ends well!	Ende gut, alles gut!

Gespräche führen

Gespräche führen

Hello/Hi/Hey there!	Guten Tag/Hallo!
Good morning/good evening!	Guten Morgen/Guten Abend!
Hello, how are you?	Hallo, wie geht's?
Very well, thank you.	Gut, danke.
Do you speak English?	Sprichst du Englisch?
I didn't understand what you said.	Ich habe dich gerade nicht verstanden.
I beg your pardon?	Wie bitte?
Do you remember me?	Erinnerst du dich an mich?
Who's speaking?	Wer spricht hier gerade?
Hang on, please!	Warten Sie einen Moment!
I'll connect you!	Ich verbinde!
I understand!	Ich verstehe!
I take it that ...	Ich nehme an, dass ...
In other words ...	Mit anderen Worten ...
Are you of different opinion?	Bist du anderer Meinung?
Do I understand you correctly when you say that ...?	Verstehe ich Sie richtig?
And now moving on to a completely different topic!	Nun zu einem ganz anderen Thema!
Could you repeat that please?	Kannst Du das bitte wiederholen?
How do you pronounce that?	Wie spricht man das aus?
Let's wait and see.	Warten wir es ab.
I also find that ...	Ich finde auch, dass ...
What do you think we should do?	Was meinst du, sollen wir tun?

Äußerungen, Stellungnahmen

We really must discuss that!	Wir sollten unbedingt darüber reden!
Have you had a chance to think it over?	Hast du schon darüber nachgedacht?
How should this continue?	Wie soll das nur weitergehen?
Bye, take care of yourself!	Tschüss, pass auf dich auf!
Good bye!	Auf Wiedersehen!
Say hello to ... from me!	Grüße ... von mir!
See you soon!	Bis bald!

Äußerungen, Stellungnahmen

If you ask me ...	Wenn du mich fragen würdest ...
Take it from me, I know what I'm talking about.	Glaube mir, ich weiß wovon ich rede.
I know that for sure.	Ich weiß das ganz sicher.
I haven't decided yet.	Ich habe mich noch nicht entschieden.
Let me make a suggestion.	Lass mich einen Vorschlag machen.
I agree with you completely.	Ich stimme mit dir völlig überein.
I have to refuse!	Das muss ich ablehnen!
I'm not sure!	Ich bin mir nicht sicher!
I can't believe that ...	Ich glaube nicht, dass ...
I can't imagine that ...	Ich kann mir nicht vorstellen, dass ...!
I don't know what I should do with ...!	Ich weiß nicht, was ich mit ... tun soll!
I didn't say that.	Das habe ich nicht gesagt!

Äußerungen, Stellungnahmen

I doubt it!	Ich bezweifle es!
First of all ...	Zuerst ...
To begin with ...	Um mit ... anzufangen, ...
I'm finished with my thoughts.	Ich bin fertig.
I don't agree with you.	Ich stimme nicht zu.
I must disagree with you there.	Ich kann nicht mit dir übereinstimmen.
I must contradict you.	Ich muss dir widersprechen.
I think you've misunderstood me.	Ich denke, du hast mich missverstanden.
What's your opinion of ...?	Was ist deine Meinung von ...?
Do you think that ...?	Meinst du, dass ...?
Do you consider that important?	Hältst du das für wichtig?
You are totally wrong!	Du liegst da völlig falsch!
You have no idea what you're talking about!	Du hast keine Ahnung, wovon du redest!
I think/believe that you are right.	Ich meine/glaube, dass du Recht hast.
I never would have expected that from you!	Das hätte ich nicht von dir erwartet!
Tell me your reasons!	Nenne mir deine Gründe!
Don't you find that ...?	Findest du nicht, dass ...?
You can't possibly be serious!	Das ist doch wohl nicht dein Ernst?
Let us speak plainly!	Lass uns offen darüber sprechen!
Lets discuss that.	Lass uns darüber sprechen.
Have we covered everything?	Haben wir alles angesprochen?
Would you consider ...?	Würden Sie ... in Betracht ziehen?

Äußerungen, Stellungnahmen

Does that seem acceptable to you?	Entspricht das ihren Vorstellungen?
That's hard to say.	Das ist schwer zu sagen.
You're telling me!	Wem sagen Sie das!
This is very important.	Das ist sehr wichtig.
That sounds interesting!	Das klingt interessant!
By the way ...	Nebenbei gesagt ...
It also deserves mentioning, that ...	Es muss ebenfalls erwähnt werden, dass ...
The most important point is ...	Das Wichtigste ist ...
That's a great idea.	Das ist eine tolle Idee.
One moment please!	Einen Moment, bitte!
for this reason	aus diesem Grund
I see things differently!	Ich sehe die Dinge anders!
To conclude, let me say that ...	Abschließend möchte ich anführen, ...
All these things considered, ...	All dies betrachtet, ...
Summing up, I would like to say ...	Zusammenfassend möchte ich sagen, ...

Anhang

Zahlen	
one [wʌn]	1
two [tuː]	2
three [θriː]	3
four [fɔːr]	4
five [faɪv]	5
six [sɪks]	6
seven ['sevn]	7
eight [eɪt]	8
nine [naɪn]	9
ten [ten]	10
eleven [ɪ'levn]	11
twelve [twelv]	12
thirteen ['θɜː'tiːn]	13
fourteen ['fɔːr'tiːn]	14
fifteen ['fɪf'tiːn]	15
sixteen ['sɪks'tiːn]	16
seventeen ['sevn'tiːn]	17
eighteen ['eɪt'tiːn]	18
nineteen ['naɪn'tiːn]	19
twenty ['twentɪ]	20
twenty-one ['twentɪ'wʌn]	21
twenty-two ['twentɪ'tuː]	22
thirty ['θɜːtɪ]	30
forty ['fɔːrtɪ]	40
fifty ['fɪftɪ]	50
sixty ['sɪkstɪ]	60
seventy ['sevntɪ]	70
eighty ['eɪtɪ]	80
ninety ['naɪntɪ]	90
one hundred [wʌn'hʌndrəd]	100
one hundred and one [wʌn'hʌndrəd'ænd'wʌn]	101
one thousand [wʌn'θaʊzənd]	1000
one hundred thousand [wʌn'hʌndrəd'θaʊzənd]	100.000
one million [wʌn'mɪlɪən]	1.000.000

Anhang

Ordnungszahlen

first [fɜːst]	1sth	erster
second ['sekənd]	2nd	zweiter
third [θɜːd]	3rd	dritter
fourth [fɔːrθ]	4th	vierter
fifth [fɪfθ]	5th	fünfter
sixth [sɪksθ]	6th	sechster
seventh ['sevnθ]	7th	siebter
eighth [eɪtθ]	8th	achter
ninth [naɪnθ]	9th	neunter
tenth [tenθ]	10th	zehnter
hundredth [hʌndrədθ]	100th	hundertster
thousandth [θaʊzndθ]	1000th	tausendster

Wochentage

Monday ['mʌndɪ]	Montag
Tuesday ['tjuːzdɪ]	Dienstag
Wednesday ['wenzdɪ]	Mittwoch
Thursday ['θɜːʒzdɪ]	Donnerstag
Friday ['fraɪdɪ]	Freitag
Saturday ['sætədɪ]	Samstag
Sunday ['sʌndɪ]	Sonntag

Monate

January ['dʒænjʊərɪ]	Januar
February ['februærɪ]	Februar
March [mɑːtʃ]	März
April ['eɪprəl]	April
May [meɪ]	Mai
June [dʒuːn]	Juni
July [dʒuːˈlaɪ]	Juli
August ['ɔːgəst]	August
September [sepˈtembər]	September
October [ɔkˈtəʊbər]	Oktober
November [nəʊˈvembər]	November
December [dɪˈsembər]	Dezember

Anhang

Sternzeichen

Pisces [ˈpaɪsiːz] — Fische
Aries [ˈɛəriːz] — Widder
Taurus [ˈtɔːrəs] — Stier
Gemini [ˈdʒemɪniː] — Zwillinge
Cancer [ˈkænsər] — Krebs
Leo [ˈliːəʊ] — Löwe
Virgo [ˈvɜːgəʊ] — Jungfrau
Libra [ˈliːbrə] — Waage
Scorpio [ˈskɔːpɪəʊ] — Skorpion
Sagittarius [sædʒɪˈtɛərɪəs] — Schütze
Capricorn [ˈkæprɪkɔːn] — Steinbock
Aquarius [əˈkwɛərɪəs] — Wassermann

Uhrzeit

six o' clock, six a.m.	06:00
eight fifteen, a quarter past eight	08:15
nine forty-five, a quarter to ten	09:45
ten thirty, half past ten, half ten	10:30
five thirty-five, twenty-five to six	17:35
five fifty-five, five to six	17:55
six o' clock, six p.m.	18:00

Maße und Gewichte

1 inch [wʌnˈɪntʃ]	2,54 cm
1 foot [wʌnˈfʊt]	30,48 cm
1 yard [wʌnˈjaːd]	91,44 cm
1 mile [wʌnˈmaɪl]	1,609 km
1 ounce [wʌnˈaʊns]	28,35 g
1 pound [wʌnˈpaʊnd]	453,59 g
1 stone [wʌnˈstəʊn]	6,35 kg
1 ton [wʌnˈtʌn]	1016,05 kg